Suely Caldas Schubert

Os poderes da mente

Sumário

Dedicatória - 7

Agradecimento - 9

Prefácio - 11

Apresentação - 15

Prólogo – Imortalidade - 19

Primeira Parte - Os Poderes - 20

   01 - O pensamento do Criador - 21

   02 - Do átomo ao arcanjo - 29

   03 - Pensar é criar - 35

   04 - A Inteligência - 43
      A teoria das inteligências múltiplas - 45

   05 - A mente - 51
      Mentes que brilham - 56
      A casa mental - 60

   06 - O Pensamento - 65
      Pensamentos negativos - 77
      Pensamentos positivos - 80

   07 - Formas-pensamento - 85
      Fotografia de formas-pensamento - 88
      Transmissão de formas-pensamento no processo obsessivo - 93

   08 - O Cérebro - 97
      A fantástica rede de comunicação entre os neurônios - 99
      Frequência das ondas cerebrais - 108

   09 - O enigma da consciência - 111

   10 - A memória - 123
      Esquecimento do passado - 129

   11 - Emoções e sentimentos - 135
      Primeiro a emoção depois a razão - 137
      Reações emocionais - 139
      Sentimentos - 141
      Amor - 142

   12 - Do amor e do amar - 145

13 - A força da vontade - 149
    A vontade divina - 151
    O desconhecido poder da vontade - 154
14 - O sexto sentido - 161
    Os domínios do espírito - 167
    As múltiplas funções da pineal - 169
    Dimensões da mediunidade - 173

Segunda Parte - Arquivos da Alma - 176

15 - Arquivos da alma - 177
    Regressão de memória no plano espiritual - 177
    Regressão de memória na reunião mediúnica - 182
    Terapia de vidas passadas (TVP) - 184
16 - Projeções telepáticas - 187
    Leitura mental - 189
    Obsessão telepática - 192
17 - Contaminação fluídica - 197
    Os monstros do pensamento - 200
    Infecções fluídicas - 202
    Linchamento - 205
18 - Como agem os obsessores - 209
    Não nos deixes cair em tentação - 209
    Tentando a tentação - 210
    Examinando o processo obsessivo - 214
    Química espiritual - 217
19 - Alucinações espirituais - 223
    Mefistófeles - 224
    Reunião mediúnica no plano espiritual - 228
20 - Auto-obsessão - 233
    Doenças-fantasmas - 235
    Autismo - 237
21 - O despertar espiritual - 243
    O mais elevado estado da consciência - 244
22 - O poder maior - 255
    A vinda de Jesus - 256
    A personalidade de Jesus - 259
    O Cristo consolador - 266

Considerações finais - 269

Referência Bibliográfica - 274

Dedicatória

Ao querido amigo Divaldo Pereira Franco, exemplo de dedicação integral aos valores espirituais de que é dotado, os quais direcionou, sob a égide de Jesus, a serviço do Espiritismo, e em favor da Paz e do Amor – por esses mais de cinquenta anos semeando estrelas.

Pela messe de amor de Joanna de Ângelis que prossegue, atendendo ao convite do Cristo e, em Seu nome, sinalizando o caminho da Verdade e da Vida, o preito de nossa gratidão e de nosso amor.

Agradecimento

Agradeço aos amigos com quem mantive conversas enriquecedoras e que me ajudaram, de alguma forma, a pensar os poderes da mente: Carlos Augusto Abranches, Consolação Muanis, Ângela Mendonça, Vitor Silvestre Ferraz Santos e meu neto, Humberto Schubert Coelho.

Especial agradecimento ao querido casal Terezinha e Miguel de Jesus Sardano, pela presença e estímulo constantes.

Quero externar também a minha gratidão aos queridos amigos Divaldinho Matos, Luiz Antônio Ferraz e Públio Carísio de Paula, respectivamente, editores dos meus livros, *Mediunidade, Caminho para Ser Feliz* (Ed. Didier) e *Transtornos Mentais: Uma Leitura Espírita* (Minas Ed.), pela importante e fraterna colaboração. Estendo, também, minha gratidão ao amigo muito querido José Maria de Medeiros Souza, pelo apoio de todos os instantes.

É reconfortante contar com a presença e os ensinamentos de nosso querido José Raul Teixeira, cujos exemplos de dedicação à Doutrina dos Espíritos, a Jesus e a Kardec nos têm felicitado e proporcionado ensejos valiosos para nossas tarefas doutrinárias.

A ele, o meu profundo agradecimento.

Aos amigos Bluterkowsky Marcílio e Olavo Guterres Silva, pelo amparo amigo e dedicado, nesses anos de aprendizado maior.

Aos meus amados filhos e netos, pelo conforto de tê-los ao meu lado.

Suely Caldas Schubert

Prefácio

Os pesquisadores estão radiantes. Têm conseguido avanços importantes em diversos campos da investigação científica.

Remédios de alcance específico para determinados tipos de câncer têm atingido níveis satisfatórios de cura, estimulando a produção em escala comercial.

As conquistas na astronomia mudaram de perfil. Não se cogita apenas a existência de planetas dentro dos sistemas vizinhos ao nosso, mas do conjunto de afinidades que possam tornar possível uma atividade exploratória em algum deles que tenha proximidade com as condições de vida da Terra.

É fantástico reconhecer que, apesar das graves crises de ordem socioeconômica porque passa a Humanidade, ainda há espaço para que uma parcela considerável de estudiosos invista suas competências na melhoria das condições de vida dos seres humanos.

Apesar disso, quem se interessa pela ciência do homem que propicia descobertas nas áreas voltadas para as questões ontológicas, próprias do ser, percebe profunda distância entre os progressos comuns à horizontalidade da condição humana e os de caráter vertical, que remetem a criatura a dimensões mais elevadas, que escapam ao seu modo de vida mais imediato.

O que é a mente? Qual o impacto das energias que a pessoa mobiliza através de um pensamento de ódio ou de amor? De que maneira o universo elabora as forças comuns a uma prece?

Será que tudo isso é apenas cogitação barata de estudiosos ingênuos, que acreditam chegar a conclusões sérias sem se adequar a critérios de investigação científica?

Em consideração a homens e mulheres respeitáveis que dedicaram a vida toda a mergulhar nesse outro cosmos de infinitas categorias e percepções, tentando definir uma forma correta de compreensão da realidade do Espírito é que afirmamos, com positiva segurança: conhecer os domínios da mente é mergulhar na parcela desconhecida da grandeza do Criador, com capacidade de levar o investigador a descobertas que podem libertar o homem de muitas limitações em seu caminho evolutivo.

O livro de Suely Caldas Schubert oferece a você, leitor, a possibilidade de conhecer com absoluta segurança os conteúdos necessários a respeito do psiquismo, das forças mentais, dos poderes do Espírito, para que sua entrada nesse mundo quase desconhecido possa ser feita com base na segurança e na clareza dos paradigmas espíritas da imortalidade da alma, da comunicabilidade entre os mundos material e espiritual e, sobretudo, da reencarnação.

Em meio a tantos crimes hediondos e à banalização da vida, é em um livro como *Os Poderes da Mente* que o leitor pode encontrar respostas adequadas para a condição em que ficam os criminosos e as vítimas diante de tanta brutalidade.

As ondas magnéticas do desvirtuamento da Lei Natural acompanham o causador do ato inseparavelmente. As marcas de tal desequilíbrio deixam o campo vibratório da criatura somente quando ela devolve à ordem cósmica, em forma de atitude interior e conduta exterior, o que desarmonizou com violência e invigilância.

Para que isso aconteça são necessários, na maioria das vezes, séculos e séculos de luta e sofrimento em encarnações dolorosas e solitárias. Não é Deus quem define a punição, mas sim o próprio criminoso, que quer de todas as formas livrar a consciência do fardo da culpa e do remorso.

Muitas vezes, os efeitos dos equívocos de ontem se fazem em condições lamentáveis de desequilíbrio emocional no presente.

Daí os incontáveis casos de depressões crônicas, medos inexplicáveis e fobias alienantes, exigindo da ciência psicológica pesquisas aprofundadas em busca da melhoria das condições de vida das pessoas.

Suely Caldas Schubert esclarece em *Os Poderes da Mente* que na pauta existencial do resgate não está incluso o direito à vítima de se vingar. A própria Lei tem mecanismos de reajuste que preservam tanto o sentimento de dignidade de quem sofreu a ação quanto a oportunidade do agressor de se recuperar, se optar pela prática do bem de forma desinteressada.

A realidade vivida por médiuns e frequentadores de uma reunião mediúnica é dramática, tamanhas são as cargas de dores e ressentimentos trazidos pelos personagens em litígio.

E se é difícil acompanhar os reencontros carregados de ódio, mais trabalhosa é a busca de argumentos para fazer com que tantas mágoas sejam diluídas, com o doce toque de palavras amorosas e convites seguros à prática do perdão.

O mais impressionante disso tudo é que, em diálogos reservados com pessoas não espíritas, que se interessam em saber o que se passa nessas reuniões mediúnicas, na maior parte das vezes, as mesmas não conseguem acreditar que isso possa ter acontecido algum dia.

Preferem entender que tamanha riqueza de detalhes faz parte, na realidade, de arquivos particulares da vida do próprio médium.

Não aceitam que crimes perpetrados há tanto tempo retornem do passado como se tivessem sido cometidos agora; é difícil para elas entender que o ódio é sentimento que não tem idade, bastando encontrar terreno propício na intimidade de alguém para se manifestar, exigindo vingança imediata.

Eis que a mente abre suas portas e seus princípios apresentam-se com nuanças claras e de captação precisa. Elas estão reunidas nesta obra de Suely Caldas Schubert, que ora convido o leitor a ler e a estudar.

O resultado de um trabalho como esse, que exigiu anos de dedicação e comprometimento por parte da autora, não é outro senão um profundo sentimento de paz interior, pela contribuição que traz a cada um que o lê, de resgate da felicidade pessoal e da beleza de viver dedicado à causa do bem, em nome de Jesus, o Senhor e Mestre de todos nós.

Carlos Abranches
São José dos Campos (SP), agosto de 2003.

Apresentação

São surpreendentes os poderes da mente. Entretanto, na maioria de nós, tais poderes jazem adormecidos ou, quando exercitados, o fazemos não de modo pleno, mas ainda com muitas limitações e dificuldades.

Esses poderes emanam dos atributos do Espírito, com os quais o Criador dotou a todos os seus filhos.

Assim, o ser humano, estreando em sua caminhada, não a iniciou destituído de condições, de qualidades, de potencialidades. Ao contrário, embora com a inexperiência de um nascituro em termos evolutivos, trazia em si os atributos imprescindíveis para vencer as adversidades inerentes a um planeta primitivo.

À medida que seu pensamento se dilatou, em que suas ideias se tornaram mais criadoras, a ânsia por melhorar a qualidade de vida preponderou e, proporcionalmente, ao seu constante progresso intelectual, foi modificando o mundo ao seu redor que se tornou, assim, a concretização de seu pensamento e de sua incrível criatividade.

O homem pensou o mundo e o criou.

O mundo de hoje expressa o que são os seres humanos que o habitam.

Se o mundo é hostil e violento, se a miséria campeia e se alastra, embora a excessiva riqueza de uns poucos, a maioria ainda não tem o básico para uma vida digna, se o amor por enquanto está em desvantagem face ao ódio, se grande parte ainda jaz na inconsciência de seus deveres mais essenciais para com os demais seres humanos – este é o mundo que idealizamos e construímos.

Muitos de nós estamos nos conscientizando de que as coisas não deram muito certo. Fizemos opções terrivelmente desastrosas. Tantos foram os atalhos que escolhemos, que agora está difícil retornar à estrada certa.

O ser humano, todavia, tem notáveis poderes e se assim o quiser poderá fazer uma correção de curso e evitar as trágicas consequências de seus erros. Deve ser, porém, um gigantesco esforço de mudança. Novos sonhos, novos planos, esperanças renovadas.

Mas, quais seriam essas potencialidades? Quais são esses poderosos atributos?

Se pensarmos um pouco em tudo o que somos, em nossas condições íntimas, no que somos capazes de imaginar, sonhar, criar, realizar, começaremos a perceber que existe em cada um de nós algo maravilhoso formando um conjunto de potencialidades.

Em *O Livro dos Espíritos*, de Allan Kardec, estão assinalados tais atributos e aqui relacionamos alguns: a inteligência, o pensamento, a consciência, a razão, o senso moral, o senso de justiça, o livre-arbítrio, as percepções (os sentidos). Não citados, mas implícitos, a mente, a vontade e a memória.

Sabemos que essas potencialidades podem ser canalizadas para o bem ou para o mal.

O mau uso caracteriza-se pelo direcionamento da inteligência, dos pensamentos, da emoção, da criatividade, da força de vontade para ocasionar prejuízos e danos físicos ou morais às pessoas.

Todavia, o mal que fazemos nos faz mal e desta reação, intrínseca à Lei de Causa e Efeito, não escapamos.

Em sentido oposto, esses poderes podem ser canalizados para o bem e para ações altruísticas, cujos frutos serão sempre gratificantes e compensadores.

Grande número de pessoas não têm a menor percepção de seus próprios potenciais, embora os utilizem em seu cotidiano em larga escala. São capacidades que derivam dos atributos mencionados, que revelam quão amplo é o espectro de nossa atuação nos inúmeros segmentos da vida terrena e espiritual.

Nas páginas seguintes estaremos analisando, na primeira parte da obra, alguns dos atributos acima mencionados. Nosso objetivo é evidenciar os aspectos transcendentais que lhes são inerentes, em razão de que a sede desses poderes é o Espírito, não o cérebro físico. Ressaltaremos uma das percepções mais notáveis e enriquecedoras, o sexto sentido, ou seja, a mediunidade.

As condições sombrias e dolorosas da vida terrena poderiam ser modificadas de forma estrutural se as criaturas conhecessem e valorizassem essa faculdade, pois que ela abre perspectivas, totalmente, novas e desvenda muitos dos chamados mistérios que confundem e respondem por muitas das distorções da visão de mundo do ser humano.

Na segunda parte, focalizaremos alguns dos aspectos dos arquivos da alma.

Nos capítulos de 1 a 7 evidenciaremos determinadas situações, em que os atributos estão sendo canalizados para fins destrutivos.

No capítulo 8 destacaremos um tema que é atualmente do interesse de grande número de cientistas e pesquisadores.

Nosso objetivo é proporcionar aos leitores uma visão, ainda que sintetizada, do que está sendo pesquisado nesse campo além do ego, ou seja, a transcendência das potencialidades do ser humano.

São caminhos diversos que levam à mesma estrada, a da conscientização de que cada um de nós é um Espírito imortal destinado à perfeição.

Os poderes do Espírito tiveram o seu ápice, em nosso planeta, na figura de Jesus, que estaremos enfocando no capítulo final.

O Mestre dos mestres reunia em si todas as potências em grau superior, sendo o modelo e guia de toda a Humanidade, consoante a questão 621 de *O Livro dos Espíritos*. Sabemos, com Léon Denis, que Ele é o Governador Espiritual do planeta Terra e, na palavra luminosa de Joanna de Ângelis, do Sistema Solar.

Começa aqui a viagem para a qual usaremos nossos poderes e nossa imaginação.

Suely Caldas Schubert
Juiz de Fora (MG), primavera de 2003.

Prólogo – Imortalidade

Solte a imaginação e
deixe o pensamento librar,
voar alto
e se perder no azul
tomar a cor azul
e azular...
Deixe o pensamento
pensar
no rumo do infinito
impensável
e singrar
vertiginosamente
o mar de nuvens
ultrapassar o som
vencer a luz
numa corrida mágica
e mais rápido
que tudo o mais
alcançar a imensidão
e a eterna imortalidade.

Primeira Parte
Os Poderes

01 - O pensamento do Criador

"A eterna criação, a eterna renovação dos seres e das coisas é tão somente a projeção do pensamento divino no Universo."

Léon Denis (*O Grande Enigma*)

Desde os tempos imemoriais, o ser humano tem buscado respostas e explicações para o enigma da vida e da Criação Divina. Sob diferentes denominações que expressam o nível de apreensão de cada época e de cada cultura, Deus tem sido compreendido como um ser que apresenta poucas virtudes e inúmeros defeitos, alguns desses muito graves, para não dizer aterradores. Em decorrência disso, as pessoas se proclamam tementes a Deus, o que reflete bem os seus sentimentos em relação a Ele. Isso evidencia a infância espiritual da Humanidade.

A vinda de Jesus e seus ensinamentos, há dois mil anos, possibilitou nova visão acerca do Criador, porém, pouco conseguiu modificar, pois ainda prevalece em nossos dias uma mentalidade estruturada nos princípios da Lei Mosaica, na maioria dos segmentos do Cristianismo.

Nota-se, neste início do século XXI, que mesmo o entendimento das grandes religiões sobre o tema, e o que é ensinado aos milhões de adeptos, em quase nada progrediu em relação ao passado.

Deus prossegue sendo um ser cruel, vingativo, que privilegia alguns de seus filhos e persegue outros, que não perdoa e condena multidões ao inferno eterno, que tem humor instável, pois fica triste ou alegre conforme a conduta humana, ou se enche de ira e revolta, sendo capaz de grandes destruições para aplacar a sua raiva. Assim, não tem a plena sabedoria e onipotência, não é perfeito, comete erros clamorosos e também não tem a capacidade de previsão (não previu que a serpente tentaria Adão e Eva e que ambos o desobedeceriam; que Caim mataria Abel e tudo o mais que teria ocorrido).

É ainda capaz de destruir tudo o que criou – como no caso do dilúvio, salvando apenas Noé e sua família e um casal de cada espécie. Para tanto, foi preciso construir uma arca, pois Deus não tinha onde colocar os que seriam salvos. Depois repovoou a Terra, começando de novo.

Essas e muitas outras incongruências ainda estão sendo cultivadas e mantidas no imaginário popular.

Essa concepção em relação a Deus reflete a realidade e condições espirituais das criaturas.

O Talmude ensina "... que não vemos as coisas apenas como são, mas também como nós somos."

A pouca evolução e a maturidade espiritual da Humanidade terrena refletem-se no modo como o Criador é idealizado, no qual são projetadas as limitações e defeitos morais humanos. E nesse patamar de entendimento isso parece ser o suficiente, uma vez que despertar para outra realidade é trabalhoso e incômodo. Infere-se, pois, que há necessidade de um Deus bastante bravo, agressivo e rancoroso o suficiente para atemorizar e domar as más inclinações e defeitos que nos são próprios.

Outra, contudo, é a concepção espírita acerca de Deus. O Espiritismo "desmaterializou" o Criador, revelando-o como o Ser Supremo, conforme a resposta à pergunta número 01 de *O Livro dos Espíritos*: "Deus é a Inteligência Suprema, causa primária de todas as coisas". E Allan Kardec, ao relacionar os atributos do Criador, nos possibilita entendimento superior, transcendente, que muito nos enriquece. São esses os atributos:

• **Deus é eterno.** Se tivesse tido princípio, teria saído do nada, ou então, também teria sido criado por um ser anterior. É assim que, de degrau em degrau, remontamos ao infinito e à eternidade.

• **É imutável.** Se estivesse sujeito a mudanças, as Leis que regem o Universo nenhuma estabilidade teriam.

• **É imaterial.** Quer isso dizer que a sua natureza difere de tudo o que chamamos matéria. De outro modo, ele não seria imutável, porque estaria sujeito às transformações da matéria.

• **É único.** Se muitos Deuses houvesse, não haveria unidade de vistas, nem unidade de poder na ordenação do Universo.

• **É onipotente.** Ele o é, porque é único. Se não dispusesse do soberano poder, algo haveria mais poderoso quanto ele, que então não teria feito todas as coisas. As que não houvesse feito seriam obra de outro Deus.

• **É soberanamente justo e bom.** A sabedoria providencial das Leis Divinas se revela, assim, nas mais pequeninas coisas, como nas maiores, e essa sabedoria não permite se duvide nem da justiça nem da bondade de Deus.

Ultimamente, o interesse pelas questões transcendentais tem aumentado de forma muito intensa, fora do âmbito religioso. Cientistas, pensadores, psicólogos, psiquiatras e estudiosos em geral reconhecem a existência de algo mais além da matéria.

Roger Walsh, referindo-se a uma sabedoria oculta que transcende a nossa possibilidade de compreensão, afirma: "Essa sabedoria é descrita como uma intuição direta e não conceitual que está além das palavras, conceitos e dualidades. Por isso é chamada de transverbal, transracional e não-dual."

Ele menciona que no Upanixade está registrado o seguinte esclarecimento sobre a sabedoria oculta: Não pelo raciocínio será esta apreensão atingível.[1]

A Doutrina Espírita encaminha e dilata o raciocínio de forma notável, propiciando à criatura alcançar o nível de amadurecimento e percepção imprescindíveis a essa apreensão maior.

Apraz-nos mencionar, a essa altura, alguns dos notáveis conceitos do professor Herculano Pires, registrado em seu excelente livro *O Espírito e o Tempo*, pois refletem de forma muito clara a compreensão espírita acerca de Deus.

Nessa obra, o autor apresenta a introdução histórica ao Espiritismo e aborda e comenta o "método cultural" de antropólogos ingleses, aplicado por John Murphy, cujo esquema é constituído pelos "horizontes culturais", dentro dos quais o desenvolvimento humano pode ser analisado na amplitude de cada uma de suas fases.

Segundo Murphy, compreende-se por horizontes culturais as diferentes fases da Humanidade: horizonte tribal, agrícola, civilizado e profético. Herculano Pires contribui "... acrescentando o horizonte espiritual, uma fórmula nova exigida pelo Espiritismo."[2]

---

[1] - Roger WALSH. *Caminhos além do ego*: uma visão transpessoal.
[2] - Herculano, PIRES. *O espírito e o tempo*.

Apesar de todo o esquema estar fundamentado, especialmente, nos fatos mediúnicos através dos tempos, pode-se fazer também outras inferências, que tem a ver com o assunto que estamos abordando.

O que ressalta desses horizontes culturais são as formas de adoração a Deus, vinculadas à manifestação do sagrado, ou seja, à ação das entidades espirituais sempre presentes na História dos povos.

O professor Herculano Pires apresenta a escala de adoração no mundo primitivo, esclarecendo que os seus diferentes graus podem ser simultâneos, não sucessivos. A adoração é um sentimento inato no ser humano. Nas suas primitivas manifestações, encontramos a litolatria ou adoração de pedras, rochas e relevos do solo; no grau seguinte, a fitolatria ou adoração de vegetais, de plantas, flores, árvores e bosques; acima, a zoolatria ou adoração de animais, e em um grau mais elevado, a mitologia propriamente dita, a se expressar no politeísmo.

O interessante, conforme ressalta o autor, é que resíduos dessas várias fases são encontrados ainda nos sistemas religiosos da atualidade. Mesmo em nossos dias, encontramos manifestações religiosas com as características citadas, evidenciando que, embora todo o progresso intelectual, pouco se avançou nesse campo.

As formas de adoração refletem, assim, a concepção humana em relação a Deus.

Mas, horizonte novo e ilimitado desenha-se no cenário terreno. Levanta-se o véu que toldava a visão interior, dando lugar a uma perspectiva panorâmica, cósmica.

De repente nos enxergamos como parte do Universo, como filhos de Deus e seus herdeiros. A vastidão cósmica está diante de nós. As estrelas que cintilam ao longe nos convidam a conhecê-las de perto, o que ocorrerá na sucessão do tempo.

O horizonte espiritual atende à Era do Espírito.

O apóstolo Paulo, à sua época, traduziu em uma frase o pensamento atual acerca de Deus: Em Deus vivemos e nos movemos.

Segundo Herculano Pires, em *O Espírito e o Tempo*, o Espiritismo admite a imanência de Deus no Universo como consequência de sua própria transcendência. Imanente é aquilo que está compreendido na própria natureza, como elemento intrínseco, pertencente à sua constituição e determinante do seu destino. De acordo com o princípio da imanência, Deus está em nós. Mas, o Criador não pode ser confundido com a criatura, assim como o artista não é a sua obra.

Sendo Deus a inteligência suprema e causa primária de todas as coisas, "... está presente na Criação através de Suas leis, que representam ao mesmo tempo a ligação de todas as coisas ao Seu poder e a possibilidade de elevação de todas as coisas à Sua perfeição". A lei de evolução explica a imanência como consequência lógica e necessária da transcendência, são explicações do professor Herculano Pires.

Na questão 621 de *O Livro dos Espíritos*, Kardec pergunta onde está escrita a Lei de Deus e os Espíritos respondem: "– Na consciência."

Dentre as ideias mais avançadas para apreendermos um pouco mais acerca de Deus estão os ensinamentos espíritas. E esses são de tal ordem e tão coerentes e elevados, que nos tocam os sentimentos mais refinados.

A palavra poética e bela de Léon Denis ensina: "... E Deus está, assim em cada um de nós, no templo vivo da consciência. É aquele lugar sagrado, o santuário em que se encontra a divina centelha."[3]

Às crianças podemos dizer, de forma compreensível, que Deus está aqui, tão certo quanto o ar que respiramos. Mas, imaginando a Inteligência Suprema e o fluxo incomensurável de pensamentos do Criador, entendemos o que Léon Denis expressa a respeito de Deus: "O Universo inteiro vibra sobre o pensamento de Deus."[4]

A Mentora Joanna de Ângelis, corroborando, afirma: "O Universo é resultado da Mente divina que não cessa de agir positivamente."[5]

André Luiz registra:

> ... interpretaremos o Universo como um todo de forças dinâmicas, expressando o Pensamento do Criador.
> Nos fundamentos da Criação vibra o pensamento imensurável do Criador e sobre esse plasma divino vibra o pensamento mensurável da criatura a constituir-se no vasto oceano de força mental em que os poderes do Espírito se manifestam.[6]

O Instrutor Espiritual Albério, ainda em *Mecanismos da Mediunidade*, em uma visão cósmica muito bela, explanando a respeito da Criação Divina, assevera:

---

[3] - Léon DENIS. *O grande enigma*.
[4] - Idem. *No invisível*.
[5] - Divaldo P. FRANCO. *Dias gloriosos*.
[6] - Francisco C. XAVIER. *Mecanismos da mediunidade*.

Não ignoramos que o Universo, a estender-se no Infinito, por milhões e milhões de sóis, é a exteriorização do Pensamento Divino, de cuja essência partilhamos, em nossa condição de raios conscientes da Eterna Sabedoria, dentro do limite de nossa evolução espiritual. Da superestrutura dos astros à infra-estrutura subatômica, tudo está mergulhado na substância viva da Mente de Deus, como os peixes e as plantas da água estão contidos no oceano imenso.

02 - Do átomo ao arcanjo

"É assim que tudo serve, que tudo se encadeia na Natureza, desde o átomo primitivo até o arcanjo, que também começou por ser átomo." [7]

Há um perfeito encadeamento entre todas as coisas e seres que povoam o Universo, em um processo de interação que predomina em toda vastidão universal. Assim, ninguém está ou vive inteiramente só, todos são parte integrante da "teia cósmica."

As Leis Divinas são perfeitas, portanto equânimes, iguais para todos, sem distinção, privilégios ou castigos. No princípio inteligente estão os pródromos da vida que fazem a sua escalada até os seres angelicais, ad infinitum.

A esse respeito, encontramos em *A Gênese* o seguinte esclarecimento:

> O Espírito não chega a receber a iluminação divina, que lhe dá, simultaneamente com o livre-arbítrio e a consciência, a noção de seus altos destinos, sem haver passado pela série divinamente fatal dos seres inferiores, entre os quais se elabora lentamente a obra da sua individualidade. Unicamente a datar do dia em que o Senhor lhe imprime na fronte o seu tipo augusto, o Espírito toma lugar no seio das humanidades.[8]

---
[7] - Allan KARDEC. *O livro dos espíritos*, questão 540.
[8] - Idem. *A gênese*.

Em outras palavras, assim se exprime Dr. Gustavo Geley:

> O que existe de essencial no Universo e no indivíduo é um dínamo-psiquismo único, primitivamente inconsciente, mas trazendo em si todas as potencialidades. As diversas e inumeráveis aparências das coisas não são mais que suas representações. O dínamo-psiquismo essencial e criador passa, pela evolução, do inconsciente ao consciente.[9]

Deus criou todos os Espíritos simples e ignorantes, isto é, sem saber – é o que elucida a questão 115 de *O Livro dos Espíritos*.

A ciência atesta que tudo é energia. Há, pois, uma pulsão interna e uma irradiação peculiar a cada partícula, a cada ser.

Isto nos faz copartícipes do processo de criação ao interagirmos com os demais seres. O meu pensar e o meu fazer interferem no pensar e no fazer dos outros. Isso nos remete a outra questão fundamental, a do livre-arbítrio. Tenho a liberdade de pensar e concretizar o que penso, porém serei sempre responsável por isso e pelas suas consequências.

Os outros são os outros e nós, você e eu, somos os outros dos outros.

Vejamos como a questão 540 de *O Livro dos Espíritos*, que colocamos em epígrafe, tem sido corroborada nos tempos atuais. O poeta inglês Francis Thompson assim se expressa: "Por um poder imortal, todas as coisas, perto ou distantes,

---

[9] - Gustavo GELEY. *Del inconsciente al consciente*.

ocultamente, estão ligadas entre si. E tão ligadas estão que não se pode tocar uma flor sem incomodar as estrelas."

O professor Alkindar de Oliveira, ao comentar esta afirmativa: "A Física Quântica prova que o poeta tem razão. Nossas palavras e pensamentos são energias que emergem de nosso ser para influenciar todo o Universo."[10]

O físico e pesquisador Fritjof Capra:

> A teoria quântica revela, assim, um estado de interconexão essencial do Universo. Ela mostra que não podemos decompor o mundo em suas menores unidades capazes de existir independentemente. (...)
> ... A teoria quântica força-nos a encarar o universo não sob a forma de uma coleção de objetos físicos, mas em vez disso, sob a forma de uma complexa teia de relações entre as diferentes partes de um todo unificado.[11]

Na afirmativa de W. Heisenberg: "O mundo afigura-se assim como um complicado tecido de eventos, no qual conexões de diferentes tipos se alternam ou se sobrepõem, ou se combinam, determinando, assim, a textura do todo."

O mestre do Zen-budismo Philip Kapleau: "Os indivíduos que compõem uma sociedade específica são como os fios de um fino brocado. Retire um fio e você danificará todo o padrão do tecido de alguma maneira. A morte violenta através do assassinato, do suicídio e da guerra é particularmente destruidora."[12]

---

[10] - Alkindar OLIVEIRA. *Viver bem é simples, nós é que complicamos*.
[11] - Fritjof CAPRA. *O tao da física*.
[12] - Philip KAPLEAU. *A roda da vida e da morte*.

O psiquiatra Carl G. Jung:

> Nenhum homem é uma ilha, fechada sobre si; todos são parte de um continente, uma parcela da terra principal. Se um torrão for arrastado pelas águas, a Europa fica menor, como se de um promontório se tratasse, ou de um domínio senhorial dos teus amigos ou mesmo teu. A morte de qualquer homem diminui-me, porque eu estou englobado na humanidade. Não perguntes, por isso, jamais, por quem os sinos dobram; dobram por ti.[13]

O psicólogo Nathanael Branden: "Do ponto de vista cultural, vivemos num oceano de mensagens filosóficas". E complementa asseverando que "... toda sociedade contém uma rede de valores, crenças e suposições, das quais nem todas são denominadas explicitamente, mas que, não obstante, fazem parte do ambiente humano – 'o mar' em que nadamos."[14]

O Mentor Espiritual Emmanuel, já em 1952, explicava:

> O homem permanece envolto em largo oceano de pensamentos, nutrindo-se de substância mental, em grande proporção. Toda criatura absorve, sem perceber, a influência alheia nos recursos imponderáveis que lhe equilibram a existência. Estamos assimilando correntes mentais, de maneira permanente. De modo imperceptível, 'ingerimos pensamentos' a cada instante, projetando em torno de nossa individualidade, as forças que acalentamos em nós mesmos.[15]

---

[13] - JUNG apud Anthony STEVENS. *Jung*: vida e pensamentos.
[14] - Nathanael BRANDEN. *Auto-estima, liberdade e responsabilidade*.
[15] - Francisco C. XAVIER. *Roteiro*.

Léon Denis esclarece: "O Universo inteiro está submetido à lei de solidariedade. Todos os seres estão ligados uns aos outros e se influenciam reciprocamente."[16]

---

[16] - Léon DENIS. *O grande enigma.*

03 - Pensar é criar

"Ó Egito! Ó Egito! Não se conservarão de ti senão fábulas, incríveis para as gerações futuras, e de ti unicamente perdurarão as palavras talhadas em pedras."

Hermes a Asclépio[17]

Tudo o que existe, o que vemos, percebemos, sentimos e até o que não vemos nem percebemos, existiu primeiro no pensamento.

Assim, o Universo é resultado do pensamento de Deus, a consubstanciação da Inteligência Suprema.

"A eterna criação, a eterna renovação dos seres e das coisas é tão somente a projeção constante do pensamento divino no Universo."[18]

As obras humanas, antes de se concretizarem, foram pensadas, sonhadas, idealizadas, planejadas.

O ser humano cria continuamente, o que além de ser prazeroso é também uma imperiosa necessidade para a sua sobrevivência.

Tudo o que o ser humano produz, bonito ou feio, útil ou nocivo, benéfico ou prejudicial é fruto de seus pensamentos e ideias.

---

[17] - Edouard SCHURÉ. *Os grandes iniciados*: Hermes.
[18] - Léon DENIS. *O grande enigma*.

As obras de arte de pintores, célebres ou não, refletem o íntimo dos autores, assim também as telas em que foram transpostas as expressões torturadas, às vezes, grotescas e agressivas dos pensamentos e emoções daqueles que as conceberam. Assim a música, a arquitetura, as invenções, as conquistas da ciência, a literatura, os filmes, os instrumentos, os medicamentos, os objetos – a lista é interminável.

Mas, nada retrata melhor e de forma mais eloquente as conquistas e valores de uma época do que as pirâmides do Egito.

As pirâmides são expressões concretas e notáveis do pensamento avançado da civilização egípcia. Seus idealizadores eram mestres do conhecimento, iniciados nos segredos das ciências ocultas. Eram os detentores do poder e representavam a supremacia intelectual, política e religiosa, registrando por meio dessas fabulosas construções seus feitos e conquistas.

Para conhecermos um pouco mais a respeito das pirâmides, recorremos ao querido escritor, nosso amável amigo, Hermínio Miranda, também cativo do fascínio que elas exercem.[19] Ele toma por base o livro dos escritores Hancock e Bauval, estudiosos desses monumentos egípcios.[20]

Ali estão quinze milhões de toneladas em blocos de até 200 toneladas, narra Hermínio, colocados com precisão milimétrica no exato local projetado para cada um. A Grande Pirâmide, por exemplo, está situada de tal forma, que seu eixo norte-sul, equador-polo norte tem uma variação de apenas 3/16 de um grau em relação ao Norte verdadeiro. Mais preciso do que

---

[19] - Hermínio C. MIRANDA. Vários autores. *Visão espírita para o terceiro milênio*, p. 108.
[20] - Graham HANCOCK; Robert BAUVAL, apud Hermínio C. MIRANDA. *The message of the Sphinx* – a quest for the hidden legacy of mankind.

o meridiano de Greenwich, em Londres, onde o afastamento é de 9/16 de um grau!

Os mais experientes profissionais da construção civil, consultados a respeito, mesmo com toda a poderosa parafernália da tecnologia moderna, não conseguem imaginar como os blocos de pedra foram levados às suas posições.

A hipótese inicial e mais comum é a de que tenham sido arrastados rampa acima. Feitos os cálculos, os especialistas concluíram a impossibilidade disso, já que seria necessário um espaço impraticável nas rampas para comportar o elevado número de trabalhadores necessários para arrastar pedras daquele tamanho e peso.

O sensitivo americano Edgar Cayce, discorrendo a respeito durante um transe mediúnico, disse que os construtores das pirâmides conheciam processos pelos quais as gigantescas pedras "flutuavam" no ar, o que, se for verdade, significa que eles teriam poder mental capaz de neutralizar, sob controle, o empuxo da gravidade.

Hancock e Bauval, trabalhando com modernos programas de computador, descobriram que o conjunto pirâmides-esfinge-constelações zodiacais é, em si mesmo, uma espécie de computador que traz na sua "memória" informações antes impensáveis.

Muitos são os dados enriquecedores e assombrosos acerca do conhecimento sobre as pirâmides proporcionados por esses dois pesquisadores, mas vamos ficando por aqui, recomendando o citado livro aos leitores que desejarem mais informações.

Mas, algumas indagações surgem, de forma natural, à nossa mente. Qual o verdadeiro sentido da mensagem dessas construções? O que hoje se sabe é que o espantoso conjunto arquitetônico "... constitui um documento matemático, astronômico, profético, científico e iniciático; não são meros túmulos faraônicos", esclarece Hermínio Miranda. O autor ainda complementa:

> Por que se teria construído uma obra tão difícil, durável, complexa e enigmática como aquela? Todo o conjunto revela sutis implicações cósmicas e contém uma dramática mensagem dirigida a um futuro que se mede em milênios.[21]

Hermínio Miranda, emitindo a sua opinião acerca da civilização dos faraós, uma vez mais em *Visão Espírita para o Terceiro Milênio* afirma:

> Ao que tudo indica, os conhecimentos que permitiram a elaboração desse grandioso projeto podem ter sido transmitidos por uma civilização avançadíssima que antecedeu a era dos faraós ou – preferencialmente, a meu ver, diante do que os autores informam – recebidos mediunicamente, de elevados seres espirituais profundamente interessados nos destinos do nosso planeta e de seus habitantes. Isto, porque antigos textos, ora reconsultados, mencionam instruções preservadas em livros que 'desceram dos céus' e referem-se aos seus autores como seres iluminados, dotados de imprescrutável sabedoria. Não é à toa que Toth, lendário deus egípcio, também seja conhecido como o escriba dos deuses.

---

[21] - Hermínio C. MIRANDA. (Vários autores). *Visão espírita para o terceiro milênio.*

Vejamos, por oportuno, o que esclarece Emmanuel quanto à civilização egípcia. Segundo o Mentor Espiritual, essa era constituída de Espíritos que aqui aportaram, exilados da estrela Capela, da constelação do Cocheiro. Capela é um magnífico sol, cujo sistema apresenta uma família de mundos. Há muitos milênios, um dos orbes de Capela atingira a culminância de um de seus extraordinários ciclos evolutivos, mas ali ainda estava um grande grupo de Espíritos que, rebeldes, destoavam dos demais. As comunidades espirituais, diretoras do Cosmos, deliberaram então que aquelas entidades, que permaneciam pertinazes no crime, seriam localizadas aqui na Terra longínqua, onde aprenderiam por meio da dor e das dificuldades próprias do nosso planeta, inferior em relação à sua pátria de origem, as conquistas do sentimento, ao tempo em que colaborariam para o progresso da Humanidade terrena.

Os exilados de Capela formaram quatro grandes grupos: o dos árias, a civilização do Egito, o povo de Israel e as castas da Índia, vindo a formar "... os pródromos de toda a organização das civilizações futuras, introduzindo os mais largos benefícios no seio da raça amarela e da raça negra, que já existiam."[22]

Antes de partirem, de retorno à sua pátria de origem, "escreveram" em monumentos grandiosos, jamais igualados, a própria história, ainda por ser decifrada nas suas expressões mais profundas e belas. Até hoje, homens e mulheres de nossos dias, diante de tais monumentos, deslumbram-se e se perguntam como foram construídas e quais os seus segredos.

---

[22] - Francisco C. XAVIER. *A caminho da luz.*

A força do pensamento e o poder da mente são conhecidos desde os tempos mais recuados. Quase tudo o que hoje é estudado e mencionado não é novidade, e muitos foram os mestres (iniciados) que exaltavam o poder mental e o utilizavam em práticas místicas, esotéricas e de magia.

Entre os grandes mestres do antigo Egito, existiu um que era proclamado como o mestre dos mestres. Ele foi conhecido com o nome de Hermes Trimegisto. Foi o pai da ciência oculta, o fundador da astronomia, o descobridor da alquimia. A data de sua existência remonta há milhares de anos, muito antes de Moisés, sendo considerado contemporâneo de Abraão, que dele adquiriu parte de seus conhecimentos. Muitos anos após a sua partida, os egípcios deificaram Hermes e fizeram dele um de seus deuses sob o nome de Toth. Na antiga Grécia também o deificaram e era chamado de Hermes, o deus da Sabedoria. Foi-lhe acrescentado o título de Trimegisto, que significa *três vezes grande*.

As bases dos preceitos herméticos, ou doutrina do Hermetismo, transmitida de mestre a discípulo, está contida em *O Caibalion*.[23] Tais princípios visam ao domínio das forças mentais, das vibrações, em níveis muito elevados. São conhecidos como os "Sete Princípios Herméticos".

Os ensinamentos de Hermes Trimegisto estão reunidos em vários livros, alguns deles vertidos para o português.

Apenas para se ter uma ideia do elevadíssimo pensamento desse mestre, citaremos alguns de seus preceitos, esclarecendo, antecipadamente, que nosso propósito é demonstrar

---

[23] - *O Caibalion* – estudo da filosofia hermética do antigo Egito e da Grécia.

que muitos dos ensinamentos espíritas estão presentes na palavra dos grandes mestres e missionários, que foram enviados pelo Cristo, o Governador Espiritual de nosso planeta, a fim de promover o adiantamento da Humanidade terrena.

Alusão à existência do perispírito e da reencarnação: "Ó alma cega! Arma-te com o facho dos Mistérios e tu descobrirás na noite terrena o teu duplo luminoso, a tua Alma celeste. Segue esse guia divino e que ele seja o teu Gênio: – Porque ele contém a chave das tuas existências passadas e futuras."[24]

E ainda no *Livro dos Mortos*, acerca do pensamento de Deus e acerca de outros mundos:

> Escutai-o em vós mesmos e vede-o no infinito do Espaço e do tempo. Ali reboa o canto dos Astros, a voz dos Números, a harmonia das Esferas.
> É cada sol um pensamento de Deus e cada planeta um modo desse pensamento. Que fazem os Astros? Que dizem os Números? Que rolam as esferas? Ó almas perdidas ou salvas, eles dizem, eles cantam, elas rolam – os vossos destinos!

E na obra acima citada, sobre a incapacidade humana de apreender Deus:

> Nenhum dos nossos pensamentos saberá conceber Deus, nem nenhuma língua defini-lo. O que é incorpóreo, invisível, informe, não pode ser apreendido pelos nossos sentidos; o que é eterno não pode ser medido pela curta regra do tempo; Deus é, pois, inefável.

---

[24] - "Apelo aos Iniciados" in *O livro dos mortos*.

04 - A Inteligência

"A inteligência é um atributo essencial do Espírito."
Allan Kardec (*O Livro dos Espíritos* – q. 24)

Somos seres inteligentes. Mas, se perguntarmos o que é a inteligência, que resposta teremos? Como a definiremos?

Este é um campo extremamente complexo. Há séculos, filósofos, cientistas, pensadores tentam compreender, definir, explicar o que é a inteligência. Ainda não conseguiram uma resposta plenamente satisfatória. Em nossa época, os estudiosos dessa fascinante área são os neurofisiologistas, os neurocientistas, os psicólogos, os físicos.

Em 1921, em um simpósio sobre a inteligência, grande número de psicólogos expôs suas opiniões a respeito da natureza da inteligência. Alguns consideravam um indivíduo inteligente na medida em que fosse capaz de um pensamento abstrato; para outros, a inteligência era a capacidade de se adaptar ao ambiente ou a capacidade de se adaptar a situações relativamente novas ou, ainda, a capacidade de aquisição de novos conhecimentos.

Houve várias teorias acerca da inteligência: as que postulavam a existência de uma inteligência geral, as que defendiam a existência de várias faculdades diferenciadas e as que mencionavam a existência de múltiplas aptidões independentes.[25]

---

[25] - Ana M. Bahia BOCK; Odair FURTADO; Maria de Lourdes TEIXEIRA. *Psicologias*: uma introdução ao estudo da psicologia.

Atualmente, mede-se a inteligência por meio de um conjunto bastante variado de indícios de raciocínio indutivo e dedutivo, capacidade de memorização, compreensão verbal, habilidades espaciais, facilidade para cálculos, rapidez de raciocínio, rapidez de percepção, criatividade e outras aptidões.

Cientistas pesquisam em que região do cérebro a inteligência está localizada, mas "... a inteligência é um processo e não uma localização."[26]

Apenas para se ter uma ideia da complexidade do assunto, vejamos mais algumas das aptidões da inteligência humana, incluindo as que citamos acima.

Em 1575, o médico espanhol Juan Huarte definiu a inteligência como a habilidade de aprender, exercer a capacidade crítica e ser imaginativo.

Na compreensão moderna se diz que a inteligência é a capacidade de pensar de modo abstrato, de raciocinar e de organizar grandes quantidades de informações em sistemas com algum significado. Acrescente-se a capacidade de improvisar, a capacidade de previsão, a capacidade de raciocínio lógico, o discernimento, a intuição.

O neurofisiologista William H. Calvin assim se exprime:

> ... Podemos não ser capazes de explicar a inteligência em toda a sua glória, mas hoje conhecemos alguns dos elementos de uma possível explicação. Segundo ele, (...) dentre aquilo que a inteligência abrange estão a engenhosidade, a capacidade de previsão, a rapidez, a criatividade e quantas coisas você puder manipular ao mesmo tempo.[27]

---

[26] - William H. CALVIN. *Como o cérebro pensa*.
[27] - William H. CALVIN. *Como o cérebro pensa*.

A teoria das inteligências múltiplas

Fala-se, hoje, em inteligências múltiplas, inteligência multifocal, inteligência emocional.

Dentre as atuais teorias acerca da inteligência, a que mais sobressai, no momento, é a do psicólogo americano Howard Gardner, integrante há 25 anos do grupo de pesquisas do Harvard Project Zero, da Universidade de Harvard, que apresenta uma visão pluralista da mente.

Gardner reconhece que este é um campo extremamente complexo e enfatiza:

> Poderíamos realizar todos os testes e experiências psicológicas concebíveis ou esquadrinhar toda a instalação neuroanatômica que desejássemos e ainda assim não teríamos identificado as procuradas inteligências humanas. Aqui, nos confrontamos com uma pergunta não sobre a exatidão do conhecimento, mas antes, sobre como o conhecimento é obtido. (...)
> Nem a ciência jamais produz uma resposta completamente correta e final. Há progresso e regresso, encaixe e desencaixe, mas jamais a descoberta de uma pedra de Roseta, uma única chave para um conjunto de questões interligadas.[28]

Quando solicitado a explicar o que é a inteligência, Gardner a define como a capacidade de resolver problemas ou de elaborar produtos que sejam valorizados em um ou mais

---

[28] - Howard GARDNER. *Estruturas da mente*: a teoria das inteligências múltiplas.

ambientes culturais ou comunitários. "Em meu trabalho" – afirma – "procuro os blocos construtores das inteligências", utilizados pelas pessoas em suas diferentes atividades. Ele exemplifica citando indivíduos com diferentes aptidões, tais quais marinheiros dos mares do sul, que navegam sem instrumentos, guiando-se pelas constelações de estrelas no céu e observando marcos de referência dispersos; menciona cirurgiões, engenheiros, pescadores, coreógrafos, dançarinos, atletas, feiticeiros de tribos etc.

Após intensas pesquisas, Gardner relaciona inicialmente sete inteligências.

1) Lógico-matemática – capacidade de raciocínio lógico e compreensão de modelos matemáticos, assim como capacidade científica. Habilidade em operações que envolvam cálculo e abstração.

2) Linguística – domínio de expressão com a linguagem verbal. Capacidade nas áreas gramaticais, semânticas, retórica. Esta capacidade, segundo o autor, é expressa pelos escritores e poetas, porém considera que existe de forma mais completa nos poetas.

3) Espacial – capacidade de pensar de modo visual e orientar-se espacialmente. Habilidade para expressar, graficamente, as ideias visuais e espaciais. Sentido de movimento, localização e direção. Marinheiros, engenheiros, decoradores, escultores, pintores possuem inteligência espacial altamente desenvolvida.

4) Musical – domínio da expressão com sons. Capacidade de usar a música como veículo de expressão. Mozart a possuía em alto grau. Assim Beethoven, Bach, Chopin, maestros e instrumentistas.

5) Corporal-cinestésica – domínio dos movimentos do corpo. Habilidade para usar o próprio corpo como meio de expressão. Dançarinos, atletas, artistas a têm muito apurada.

6) Interpessoal – capacidade de se relacionar e de responder, adequadamente, às outras pessoas, compreendendo suas necessidades e sentimentos. Professores, políticos, terapeutas, líderes religiosos, assistentes sociais têm alto grau de inteligência interpessoal.

7) Intrapessoal – capacidade de se autoconhecer, de ter consciência das próprias forças e potencialidades e utilizar esse modelo para operar efetivamente na vida.

Gardner ressalta que todas as inteligências são importantes e têm igual direito à prioridade. Mas, explica que, em nossa sociedade, colocamos as inteligências linguística e a lógico-matemática como as mais importantes.

Às sete inteligências, porém, ele acrescenta como oitava a *inteligência naturalista*, que é a sensibilidade para interagir com os processos da natureza, como fazem os biólogos, ambientalistas, paisagistas etc., e mais outra, que está em estudos e que seria a nona, a *inteligência existencial* – voltada para questionamentos filosóficos e religiosos.

Para termos uma ideia do que representa a inteligência corporal-cinestésica, vejamos o que Gardner cita a respeito do controle do movimento corporal para realizar algo como bater em uma bola de tênis. Este controle é exercido pelo córtex motor.

> No momento em que a bola deixa a raquete, o cérebro calcula aproximadamente onde ela cairá e onde a raquete irá interceptá-la. Esse cálculo inclui a velocidade

inicial da bola, combinada com o input para a progressiva redução da velocidade e o efeito do vento depois da batida na bola. Simultaneamente, são dadas ordens musculares, não apenas uma vez, mas constantemente, com informações refinadas e atualizadas. Os músculos precisam cooperar. Ocorre um movimento dos pés, a raquete é recuada e sua superfície mantida num ângulo constante. O contato é feito num momento exato, uma ordem que só é dada depois de uma análise extremamente rápida do movimento e equilíbrio do oponente. Perguntem ao Gustavo Kuerten em quantos milionésimos de segundos tudo isto acontece.[29]

Gardner, na esteira de suas pesquisas no Projeto Zero, em Harvard, escreveu o livro *Mentes que Criam*, enfocando a vida de sete grandes vultos, que considera representativos dos diversos tipos de inteligência: Sigmund Freud (1856-1939), psiquiatra, inteligência intrapessoal; Albert Einstein (1879-1955), cientista, inteligência lógico-matemática; Pablo Picasso (1881-1973), artista plástico espanhol, inteligência visual-espacial; Igor Stravinsky, (1882-1971), compositor russo, inteligência musical; T. S. Eliot (1888-1965), escritor americano, inteligência linguística; Martha Graham (1894-1991), bailarina, inteligência corporal-cinestésica; Mahatma Gandhi (1869-1948), político e líder espiritual indiano, inteligência interpessoal.

Gardner compara Gandhi aos grandes inovadores interpessoais: Cristo, Buda, Confúcio, Sócrates.[30]

---

[29] - Howard GARDNER. *Estruturas da mente*: a teoria das inteligências múltiplas.
[30] - Howard GARDNER. *Mentes que criam*.

São essas, segundo o citado psicólogo americano, as inteligências múltiplas, o que evidencia a pluralidade do intelecto.

Outros cientistas também têm pesquisado os tipos de inteligência e entre esses mencionamos a norte-americana Elaine Austin de Beauport, com doutorado em educação e desenvolvimento humano, que escreveu uma obra intitulada *Las Tres Caras de la Mente* (*As Três Faces da Mente*). Nesse livro ela apresenta os diversos tipos de inteligência e em que região do cérebro se originam. Ela os agrupa em três regiões cerebrais: o cérebro reptiliano – inteligências do comportamento; o sistema límbico – inteligências emocionais; o neocórtex – inteligências mentais. Cada um destes tem diversas subdivisões.[31]

Mas, seria bom aduzirmos a outro elenco de inteligências ou facetas da inteligência humana, as que se relacionam diretamente com o Espírito imortal, transcendendo, pois, os implementos cerebrais, e que nos interconectam com o plano invisível, tais quais a mediunidade, a intuição, as percepções extrassensoriais, as práticas curadoras de ordem espiritual, as obsessões etc.

As inteligências podem funcionar juntas, associadas umas às outras e em gradações quase infinitas.

Você, eu, nós todos, temos inteligências múltiplas em diferentes aspectos, variações e intensidades.

O Espiritismo ensina, em *O Livro dos Espíritos*, que os Espíritos são os seres inteligentes do Universo (q.76). Informa, também, que a inteligência é um atributo essencial do Espírito

---

[31] - Elaine Austin de BEAUPORT, apud Lair RIBEIRO. *Inteligência aplicada.*

(q.24). Tais informações ampliam a nossa compreensão acerca da inteligência e das suas notáveis aptidões.

    Todos os seres humanos são, portanto, dotados de diferentes combinações, gradações e intensidades dessas múltiplas aptidões da inteligência, o que faz cada um diferente dos demais. Essa diversidade de aptidões e gradações é muito útil para colocarmos em movimento a gigantesca máquina da vida terrena e nos ajudarmos mutuamente. Importa, por outro lado, evidenciarmos nossas potencialidades, exercitá-las, aprimorando-as com disciplina e perseverança.

05 - A mente

"A mente, em qualquer plano, emite e recebe, dá e recolhe, renovando-se constantemente para o alto destino que lhe compete atingir."

Emmanuel [32]

O poder da mente é pouco conhecido. O ser humano não tem noção precisa do que seja, de como é a sua atuação e dos recursos de que pode dispor.

A palavra *mente*, de origem latina, é usada atualmente em substituição à *psique*, que é de origem grega. Esta, contudo, ainda é bastante utilizada por psiquiatras e psicólogos, que a usam como sinônimo de *mente*. O dicionário informa que ambas são empregadas com o significado de alma ou Espírito.

Para a maioria dos cientistas, a mente é esse notável e sofisticado equipamento denominado cérebro, que em seu funcionamento possibilita ao ser humano todas as aptidões que lhe são próprias. Muitas são, todavia, as perguntas nessa área para as quais os especialistas ainda não encontraram respostas satisfatórias, dentre estas: A mente pode existir separada do cérebro? Em que área do cérebro ela está situada? A mente produz os pensamentos? Ela é resultado de certas propriedades de nosso cérebro?

---

[32] - Francisco C. XAVIER. *Roteiro*.

A dificuldade maior em entender o que é a mente reside no fato de que é a própria mente que terá de responder a esses questionamentos. Portanto, para pesquisar o que ela é, teremos de contar com ela mesma. A mente, porém, oculta-nos a sua riqueza, o seu fantástico cabedal, porque talvez não seja este o momento propício para uma descoberta dessa magnitude. Entretanto, gradualmente, a Espiritualidade Maior tem contribuído de maneira decisiva para ampliar a nossa compreensão, desvendando pequena parcela dessa enigmática questão.

A própria sabedoria oriental se mantém bastante restrita no que concerne ao tema em pauta, conforme, por exemplo, a definição de Rishi Râmana, citada por Mouni Sadhu, no livro *Concentração: A mente é apenas um conjunto de pensamentos: se cessardes de pensar, onde estará ela?*

Sadhu conclui que "... a mente é nada mais que a reunião, a soma total dos pensamentos, e acrescenta que ela é os pensamentos que já tivemos, os pensamentos que temos agora e os pensamentos que virão à nossa consciência ou que continuarão a existir depois da morte."[33]

O Dr. Augusto Jorge Cury assinala:

> Estamos no topo da inteligência de mais de trinta milhões de espécies, porém raramente percebemos o valor e a complexidade da construção da inteligência. Nos bastidores da mente opera-se um rico conjunto de fenômenos que constroem a história intrapsíquica dentro da memória, que a leem, que produzem as cadeias de pensamentos, que formam a consciência existencial e que

---

[33] - Rishi RÂMANA apud Mouni SADHU, *Concentração*: a mente é apenas um conjunto de pensamentos: se cessardes de pensar, onde estará ela?

transformam a energia emocional. Os fenômenos que atuam no universo inconsciente são sofisticadíssimos. Por exemplo, eles leem multifocalmente a memória, em milésimos de segundos, resgatam com extrema fineza os 'verbos' em meio a bilhões de informações e os inserem nas cadeias psicodinâmicas dos pensamentos, antes que sejam conscientizados.[34]

Esses fenômenos acima citados correspondem a processos mentais. A mente produz os pensamentos, esta é uma de suas múltiplas funções. Nesse ponto, passamos a recorrer aos conhecimentos espíritas que, como sempre acontece, pontificam em seus conceitos. Vejamos com Emmanuel que "... a mente é manancial vivo de energias criadoras."[35]

Produzimos pensamentos, ideias, em um fluxo mental vertiginoso, e o que é mais notável, tais pensamentos e ideias não se confundem e, quando os exteriorizamos, nós o fazemos de maneira compreensível e lógica.

Importa ressaltar que é a mente que comanda o cérebro, pois ela expressa o Espírito, sendo um de seus atributos. A mente existe sem o cérebro físico, mas este não existe sem a mente.

A esse respeito, Joanna de Ângelis comenta: "A mente pensa sem o cérebro e comunica-se após a morte do corpo, enquanto que, danificado ou sem a ação que dela se origina, o mesmo é incapaz de pensar."[36]

---

[34] - Augusto CURY. *Inteligência multifocal.*
[35] - Francisco C. XAVIER. *Fonte viva.*
[36] - Divaldo P. FRANCO. *Dias gloriosos.*

Referindo-se ao cérebro, o Instrutor Espiritual Calderaro, em *No mundo maior,* psicografia de Francisco C. Xavier, aclara mais profundamente a importância da mente sobre ele, elucidando:

> A mente é a orientadora desse universo microscópico, em que bilhões de corpúsculos e energias multiformes se consagram a seu serviço. Dela emanam as correntes da vontade, determinando vasta rede de estímulos, reagindo ante as exigências da paisagem externa, ou atendendo às sugestões das zonas interiores. Colocada entre o objetivo e o subjetivo, é obrigada pela Divina Lei a aprender, verificar, escolher, repelir, aceitar, recolher, guardar, enriquecer-se, iluminar-se, progredir sempre.
> Do plano objetivo, recebe-lhe os atritos e as influências da luta direta; da esfera subjetiva, absorve-lhe a inspiração, mais ou menos intensa, das inteligências desencarnadas ou encarnadas que lhe são afins, e os resultados das criações mentais que lhe são peculiares. Ainda que permaneça aparentemente estacionária, a mente prossegue seu caminho, sem recuos, sob a indefectível atuação das forças visíveis ou das invisíveis.

Observamos no texto de Calderaro que o impositivo do progresso impele a mente, vamos dizer o Espírito, a uma sequência de etapas imprescindíveis à escalada evolutiva para que se enriqueça e se ilumine de conhecimentos e experiências positivas. Analisando os sete verbos no infinitivo, temos: aprender, verificar, escolher, repelir, aceitar, recolher, guardar.

Poderíamos acrescentar os verbos perceber, apreender ou compreender, pois somente a partir da percepção de determinada coisa ou de um acontecimento que a mente registra é que se dá a apreensão ou compreensão dos mesmos, entrando, por decorrência, os demais processos, nos quais influirão o uso do livre-arbítrio, a vontade e as emoções.

São variados os processos que se realizam tanto em nível objetivo – nas coisas, fatos e situações do dia a dia, quanto em nível subjetivo, os da esfera íntima do ser, concorrendo também para as decisões, as influências de encarnados ou desencarnados afins.

É oportuno ressaltar que já existe nova mentalidade entre vários pesquisadores e cientistas que entendem a evolução do ser humano de outra forma, admitindo a existência do Espírito e, por consequência, que a mente não é produto ou secreção do cérebro físico, como afirma, por exemplo, Ken Wilber: "Observe-se, portanto, a sequência geral do desenvolvimento: da natureza à humanidade à divindade, do subconsciente ao autoconsciente ao superconsciente, do pré-pessoal ao pessoal ao transpessoal."[37]

Este pensamento está em perfeita consonância com as elucidações da Doutrina Espírita, que evidencia a evolução do átomo ao arcanjo (*O Livro dos Espíritos*, q. 540), e também com Emmanuel, quando este afirma: "Educa e transformarás a irracionalidade em inteligência, a inteligência em humanidade e a humanidade em angelitude."

Este conjunto em funcionamento expressa o incrível potencial da mente humana que traduz, como sabemos, o Espírito, com toda a sua bagagem do passado e a perspectiva do futuro, que ele constrói no presente.

---

[37] - Ken WILBER. *Caminhos além do ego.*

Mentes que brilham

As experiências pretéritas arquivadas são responsáveis pelas tendências e preferências que o Espírito reencarnado começa a manifestar logo na primeira infância, mas que sofrerão, como é natural, as influências do meio em que renasceu.

Cada encarnação resulta em experiências que são registradas nos arcanos da memória, passando a constituir precioso acervo gravado no inconsciente profundo e que ressumam, na atual vivência, para o nível consciente.

As vivências anteriores, quando extremamente ricas em certas facetas do conhecimento humano, explicam as pessoas superdotadas – os gênios. Tais Espíritos renascem com uma programação que lhes permite a expansão de determinadas potencialidades, já bastante desenvolvidas através de várias experiências reencarnatórias, e serão identificadas aos olhos do mundo como pessoas geniais.

As crianças-prodígio sempre despertaram atenção e curiosidade das demais pessoas. Através dos tempos, tais crianças têm sido alvo de estudos, procurando-se entender o altíssimo grau de inteligência e precocidade que revelam. Mas, nem a hereditariedade ou qualquer outra explicação são satisfatórias.

Não se pode admitir que o gênio seja resultado de um acaso no seu código genético ou um privilégio concedido por Deus, o que seria enorme injustiça para com as demais criaturas. Claro que isso não tem a menor lógica. Crianças superdotadas evidenciam repetidas experiências em determinado setor do conhecimento.

O gênio, portanto, só pode ser explicado pela reencarnação.

Léon Denis aborda este assunto e cita vários casos de crianças-prodígio, algumas que falavam vários idiomas com dois ou três anos de idade, como por exemplo, o menino William Hamilton, que estudava o hebraico aos três anos e demonstrava extraordinários conhecimentos de matemática. Aos treze, conhecia doze línguas e aos dezoito anos foi considerado o primeiro matemático do seu tempo.

Denis menciona ainda um fenomenal linguista italiano, seu contemporâneo, da família Trombetti, bolonhez muito pobre e completamente ignorante, que aos doze anos falava francês, alemão, árabe, persa, latim, grego, hebraico e que estudou todas as línguas vivas ou mortas, sendo que na idade adulta conhecia cerca de trezentos dialetos orientais, chegando a ser nomeado professor de Filologia na Universidade de Bolonha.

Relata também com detalhes o caso do menino Pepito, que aos dois anos e meio executou uma ária ao piano com mestria, para espanto de sua mãe que a havia tocado anteriormente. Com três anos apresentou-se no palácio real de Madri, na presença do rei e da rainha-mãe.

É interessante ressaltar que a maioria dos vultos geniais que a História registra tiveram pais obscuros e medíocres, tais quais: Sócrates, Bacon, Copérnico, Kepler, Spinoza, Locke, entre outros.

Mozart nasceu em uma família que cultivava a música, porém ele foi muito superior aos seus ascendentes. "Mozart brilha entre os seus como um sol entre planetas obscuros", poetiza Léon Denis.[38]

---

[38] - Léon DENIS. *O problema do ser, do destino e da dor.*

Mentes que brilham têm tido suas vidas transformadas em filmes e são sucesso de bilheteria no mundo todo.

Entre esses, mencionamos o filme "Uma Mente Brilhante", que retrata a vida de um notável matemático, Dr. John Nash, ganhador do prêmio Nobel, em 1994. É principalmente um impressionante relato do que é a esquizofrenia, suas características, seus efeitos na vida dos seus portadores e familiares e os sofrimentos que acarreta, e de como o Dr. Nash a enfrentou ao longo dos anos.

Queremos ressaltar aqui a intensa luta intrapsíquica por ele enfrentada, desde jovem, que todavia não impediu que sua mente brilhasse em certas áreas específicas do conhecimento, a ponto de elaborar teorias matemáticas que o distinguiram entre a comunidade científica e o permitiram conquistar o prêmio Nobel.

E hoje? Onde estão os gênios? Um deles, o menino americano Gregory Robert Smith desde muito cedo deu sinais de sua inteligência incomum, pois com 1 ano e 2 meses resolvia problemas de álgebra e já lia livros, fatos estes até difíceis de acreditar e compreender. Aos 2 anos corrigia os adultos que cometiam erros gramaticais. Aos 5 anos lia Júlio Verne e tentava ensinar aos coleguinhas, no jardim de infância, noções de botânica. Aos 10 entrou para a Faculdade de Matemática e agora está começando sua pós-graduação.

Em meio à sua constante busca, a criatura humana quer entender o enigma da vida, procura ajuda exterior diante dos problemas que a avassala e não desconfia que os recursos existem e estão dentro de si. Esta descoberta é um passo tão impactante quanto o do primeiro homem que pisou o solo lunar.

Até mesmo maior e bem mais importante que aquele, porque nos remete, a todos nós, à mais fantástica aventura, o autoconhecimento.

O Espiritismo é o roteiro precioso e fundamental para essa jornada íntima, sinalizando o caminho, aclarando aspectos negativos, fortalecendo os bons propósitos, dirimindo dúvidas, enfim, possibilitando a libertação definitiva do passado para um presente equilibrado e um futuro promissor.

Emmanuel, em notável contribuição para esclarecimento do que seja a mente, afirma: "A mente é o espelho da vida em toda parte."[39] (...)

Nos seres mais primitivos aparece sob a ganga do instinto, nas almas humanas surge entre as ilusões que salteiam a inteligência e revela-se nos Espíritos Aperfeiçoados por brilhante precioso a retratar a Glória Divina. Complementa Emmanuel, ainda em *Pensamento e Vida*:

> Estudando-a de nossa posição espiritual, confinados que nos achamos entre a animalidade e a angelitude, somos impelidos a interpretá-la como sendo o campo de nossa consciência desperta, na faixa evolutiva em que o conhecimento adquirido nos permite operar.
> O Benfeitor Espiritual, ao se referir à mente como espelho da vida, evidencia que ela reflete a condição interior de cada um e, ao mesmo tempo, reflete também a realidade do mundo em que vive. Menciona a evolução do Espírito, do instinto à angelitude, para em seguida defini-la como '... o campo de nossa consciência desperta. Isto equivale a dizer que (...) a mente é o campo da consciência, sendo esta, portanto, o seu núcleo'.

---

[39] - Francisco C. Xavier. *Pensamento e vida*.

A casa mental

No capítulo três da extraordinária obra *No Mundo Maior*, André Luiz é convidado pelo Instrutor Espiritual Calderaro a examinar o cérebro de um homem enfermo ao qual estava unida certa entidade que se apresentava em condições de inferioridade e sofrimento.

Após detida concentração, André Luiz observou acentuada semelhança no cérebro do encarnado e do desencarnado, o que o surpreendeu. O Instrutor forneceu-lhe, então, notável aula acerca da evolução do princípio espiritual, para enfocar, em seguida, a parte principal do capítulo relacionada com a "casa mental".

Calderaro menciona que ela pode ser vista como um "castelo de três andares", o que não significa, como à primeira vista se pode supor, que o ser humano tenha três cérebros a funcionar simultaneamente, porém, que o nosso cérebro tem três regiões distintas a expressarem funções específicas.

Observemos a comparação apresentada.

No primeiro andar está o cérebro inicial, localizado no sistema nervoso. É a residência dos impulsos automáticos, que simboliza o "sumário vivo dos serviços realizados". É o repositório dos movimentos instintivos e sede das atividades subconscientes, uma espécie de porão da individualidade, onde estão arquivadas todas as experiências e registrados os menores fatos da vida. Neste, moram o hábito e o automatismo. No seu conjunto, representa o subconsciente exprimindo o passado.

No segundo, situado na região do córtex motor, zona intermediária entre os lobos frontais e os nervos, temos o cérebro desenvolvido, consubstanciando as energias motoras de que se serve a mente para as manifestações impressas no atual momento evolutivo de nosso modo de ser. É o domicílio das conquistas atuais, onde se erguem e se consolidam as qualidades nobres que estamos edificando. Aqui residem o esforço e a vontade. Nele encontramos o *consciente* representando o *presente*.

O terceiro andar configura-se nos "planos dos lobos frontais", região ainda desconhecida das pesquisas científicas, onde estão "os materiais de ordem sublime", a serem conquistados, gradualmente, por meio de nosso esforço de ascensão. É a parte mais nobre de nosso organismo divino em evolução. É a "casa das noções superiores", sinalizando a culminância que devemos atingir. É a região do ideal e da meta superior a ser alcançada sendo, portanto, o *superconsciente*, ou seja, o *futuro*.

Resumindo suas instruções, Calderaro esclarece que:

> Nervos, zona motora e lobos frontais, no corpo carnal, traduzindo impulsividade, experiência e noções superiores da alma, constituem campos de fixação da mente encarnada ou desencarnada. A demora excessiva num desses planos, com as ações que lhe são consequentes, determina a destinação do cosmos individual. A criatura estacionária na região dos impulsos perde-se num labirinto de causas e efeitos, desperdiçando tempo e energia; quem se entrega, de modo absoluto, ao esforço maquinal, sem consulta ao passado e sem organização de bases para o futuro, mecaniza a existência, destituindo-a de luz edificante; os que se refugiam exclusivamente no templo das noções superiores sofrem o perigo da contemplação sem obras, da meditação sem trabalho, da renúncia sem proveito. Para que nossa mente pros-

siga na direção do alto, é indispensável que se equilibre, valendo-se das conquistas passadas, para orientar os serviços do presente, e amparando-se, ao mesmo tempo, na esperança que flui cristalina e bela, da fonte superior do idealismo elevado; através dessa fonte ela pode captar do plano divino as energias restauradoras, assim construindo o futuro santificante. E, como nos encontramos, pelo excesso de fixação mental, num dos mencionados setores, entramos em contato com as inteligências encarnadas ou desencarnadas em condições análogas às nossas.[40]

As instruções de Calderaro aclaram um tanto mais a importância da mente, evidenciando como o Espírito reencarnado atua no grandioso processo de viver a vida terrena.

Calderaro, referindo-se aos dois enfermos, explica que ambos têm o cérebro intoxicado e estão absolutamente sintonizados. Menciona que tanto o encarnado quanto o desencarnado detestam a vida, mantêm ódio recíproco, cultivam ideias de vingança, presos a aflições e tormentos. Mentalmente, estão situados na região dos impulsos instintivos, onde estão arquivadas "... todas as experiências da animalidade anterior". Em suma, diz o Instrutor Espiritual "... estão loucos, embora o mundo lhes não vislumbre o supremo desequilíbrio, que se verifica no íntimo da organização perispiritual."

Nas reuniões mediúnicas surgem casos semelhantes a este, em que existe uma verdadeira simbiose entre a vítima encarnada e o perseguidor desencarnado. Este, ao se comunicar revela haver entre ambos certa dependência vibratória, psíquica, de difícil desvinculação.

---

[40] - Francisco C. XAVIER. *No mundo maior*.

Manoel Philomeno de Miranda, registrando a elucidação da Benfeitora Espiritual Emerenciana, assinala:

> À medida que a obsessão se faz mais profunda, o fenômeno da simbiose – interdependência entre o explorador psíquico e o explorado – se torna mais terrível. Chega o momento em que o perseguidor se enleia nos fluidos do perseguido de tal maneira que as duas personalidades se confundem. (...) A ingerência do agente perturbador no cosmos orgânico do paciente termina por jugulá-lo aos condimentos e emanações da sua presa, tornando-se, igualmente, vítima da situação, impossibilitando-se o afastamento.[41]

---

[41] - Divaldo P. FRANCO. *Loucura e obsessão.*

06 - O Pensamento

"Sendo o pensamento força sutil inexaurível do Espírito, podemos categorizá-lo, assim, à conta de corrente viva e exteriorizante, com faculdades de auto-excitação e auto-plasticização inimagináveis."

André Luiz[42]

Em 16 de junho de 1998, o jornal O Globo, à página 26, publicou a notícia de que uma sonda criada por pesquisador americano possibilitara que cientistas britânicos, pela primeira vez no mundo, fotografassem e gravassem em vídeo um pensamento, que aparece na foto como um "flash" cruzando o cérebro. Ela mostra os sinais elétricos que formam o pensamento viajando pelas células cerebrais a mais de 450 quilômetros por hora.

A foto foi obtida graças a uma técnica chamada sonda potenciométrica, desenvolvida pelo neurocientista Brian Salzberg, da Universidade da Pensilvânia, nos Estados Unidos. A sonda mede e se orienta por diferenças de voltagem e é inserida no cérebro por um cateter finíssimo. Ela leva uma microcâmara conectada a um computador que amplia as imagens. Essa câmara atua em alta velocidade.

---

[42] - Francisco C. XAVIER. *Mecanismos da mediunidade*.

O cientista-chefe do Hospital Nacional de Neurologia e Neurocirurgia da Grã-Bretanha, Steve Jones, disse que a técnica desenvolvida pela Universidade da Pensilvânia é totalmente inovadora. Jones realiza estudos para medir a atividade elétrica do cérebro usando eletrodos presos ao crânio de voluntários.

Segundo a notícia, é possível ver as primeiras imagens da base do pensamento e estas mostram mais de mil neurônios trabalhando, sincronicamente, para que o cérebro possa pensar.

O cérebro humano tem cem bilhões de neurônios – que são as células cerebrais. Impulsos elétricos gerados pelo cérebro viajam de um neurônio a outro a 450 quilômetros por hora e são emitidos em um intervalo inferior a um segundo. Os neurônios são pequenos construtores do pensamento. É o trabalho deles que permite ao ser humano pensar. É o que registra a referida notícia aqui transcrita.

Daniel Goleman, por sua vez, afirma que "... o neocórtex é a sede do pensamento; contém os centros que reúnem e compreendem o que os sentidos percebem. Acrescenta a um sentimento o que pensamos dele e permite que tenhamos sentimentos sobre ideias, arte, símbolos, imagens."[43]

* * *

Pensar é um atributo de todos os seres humanos. Somos seres pensantes. Existimos e pensamos.

Pensar o pensamento, tentar entender o que ele é, como o Espírito pensa, é algo extremamente complexo, como tudo o que se relaciona com a atividade intelectual do ser humano. Muitas perguntas surgem à nossa mente. Afinal, o que é

---

[43] - Daniel GOLEMAN. *Inteligência emocional*.

o pensamento? Qual a sua gênese? De onde vêm os pensamentos? Por que pensamos desta ou daquela maneira?

Jung considera que são quatro as funções primárias do ser humano: o pensamento, o sentimento, a intuição e a sensação.[44]

O Espiritismo apresenta riquíssimo material sobre o assunto, esclarecendo de forma lógica e compreensível, dentro, é claro, das limitações que são próprias do estágio evolutivo em que está situada a Humanidade terrena.

Elucida Allan Kardec que "... o pensamento é o atributo característico do ser espiritual; é ele que distingue o Espírito da matéria; sem o pensamento o Espírito não seria Espírito." (...) Informa ainda que:

> ... o pensamento age sobre os fluidos ambientes, como o som sobre o ar; esses fluidos nos trazem o pensamento como o ar nos traz o som. Pode, pois, dizer-se com toda a verdade que há nesses fluidos ondas e raios de pensamentos que se cruzam sem se confundir, como há no ar ondas e raios sonoros.[45]

André Luiz menciona que podemos considerar "... o Universo como um todo de forças dinâmicas, expressando o Pensamento do Criador"[46] porém, o que é realmente extraordinário é sabermos, conforme o Autor Espiritual informa, que a energia mental própria da inteligência humana faz parte desse oceano cósmico:

---

[44] - Anthony STEVENS. *Jung* – vida e pensamento.
[45] - Allan KARDEC. *Revista espírita*, p. 352.
[46] - Francisco C. XAVIER. *Mecanismos da mediunidade*.

... dotada igualmente da faculdade de mentalizar e co-criar:

> Nos fundamentos da Criação vibra o pensamento imensurável do Criador e sobre esse plasma divino vibra o pensamento mensurável da criatura a constituir-se no vasto oceano de força mental em que os poderes do Espírito se manifestam.

É essencial termos a noção de que o pensamento é atributo do Espírito não um produto do cérebro físico. Já mencionamos que o cérebro é a sede física onde a mente do Espírito atua comandando o veículo orgânico, possibilitando a si mesmo a vida no plano terreno.

Emmanuel, lecionando acerca do pensamento, esclarece que

> ... o pensamento é força eletromagnética. Menciona ainda que este é (...) força criativa, a exteriorizar-se, da criatura que o gera, por intermédio de ondas sutis, em circuitos de ação e reação no tempo, sendo tão mensurável como o fotônio[47] que, arrojado pelo fulcro luminescente que o produz, percorre o espaço com velocidade determinada, sustentando o hausto fulgurante da Criação.[48] Infere-se, portanto, que (...) o pensamento é toda e qualquer criação racional do Espírito. Sempre

---

[47] - Fotônio – Fot – Do grego phos, photos, luz – Unidade de medida de iluminamento. Fóton – partícula associada ao campo eletromagnético. No caso, fotônio seria a partícula luminosa.
[48] - Francisco C. XAVIER. *Pensamento e vida.*

que o Espírito imagina, reflete, inquere ou conclui, ele está criando. Esta criação é o pensamento que flui de maneira incessante da sua mente.[49]

A tradição oriental, em sua sabedoria, pode ser expressa nesse momento, pela palavra do médico hindu Swami Sivananda. Segundo ele, "... cada mudança de pensamento é acompanhada pela vibração da matéria mental necessária para o pensamento funcionar como força". E complementa: "... assim, todo pensamento possui peso, forma, tamanho, estrutura, cor, qualidade e poder. O poder do pensamento é maior que o da eletricidade. A todo pensamento corresponde uma imagem mental."[50]

Uma pergunta se faz necessária: De onde se origina o pensamento?

Valemo-nos de André Luiz para esta resposta, quando elucida quanto aos "centros encefálicos", revelando a associação existente entre o centro coronário e o centro cerebral,

> ... em movimento sincrônico de trabalho e sintonia:
>
> Por intermédio do primeiro, a mente administra o seu veículo de exteriorização utilizando-se, a rigor, do segundo que lhe recolhe os estímulos, transmitindo impulsos e avisos, ordens e sugestões mentais aos órgãos e tecidos, células e implementos do corpo por que se expressa.[51]

---

[49] - Humberto C. Schubert – Graduando de Filosofia, em conversa acerca do tema.
[50] - Leopoldo BALDUÍNO. *Psiquiatria e mediunismo*.
[51] - Francisco C. XAVIER. *Evolução em dois mundos*.

Menciona, na mesma obra, que é no centro coronário, através do conjunto de núcleos do diencéfalo, especificamente no tálamo, que o Espírito possui

> ... vasto sistema de governança, porquanto aí, nessa delicada rede de forças (...) verte o pensamento ou fluido mental, por secreção sutil não do cérebro, mas da mente, fluido que influencia primeiro, por intermédio de impulsos repetidos, toda a região cortical e as zonas psicossomatossensitivas, vitalizando e dirigindo todo o cosmos biológico, para, em seguida, atendendo ao próprio continuísmo de seu fluxo incessante, espalhar-se em torno do corpo físico da individualidade consciente e responsável pelo tipo, qualidade e aplicação do fluido, organizando-lhe a psicosfera ou halo psíquico, qual ocorre com a chama de uma vela que, em se valendo do combustível que a nutre, estabelece o campo em que se lhe prevalece a influência.

Discorrendo acerca da reflexão das ideias, André Luiz (*Evolução em Dois Mundos*) aprofunda ainda mais as suas explicações, tal como a seguir transcrevemos:

> A partícula do pensamento, pois, como corpúsculo fluídico, tanto quanto o átomo, é uma unidade na essência, a subdividir-se, porém, em diversos tipos, conforme a quantidade, qualidade, comportamento e trajetórias dos componentes que a integram.
> E assim como o átomo é uma força viva e poderosa na própria contextura, passiva, entretanto, diante da inteligência que a mobiliza para o bem ou para o mal, a partícula do pensamento, embora viva e poderosa na composição em que se derrama do Espírito que a produz, é igualmente passiva perante o sentimento que lhe dá

forma e natureza para o bem ou para o mal, convertendo-se, por acumulação, em fluido gravitante ou libertador, ácido ou balsâmico, doce ou amargo, alimentício ou esgotante, vivificador ou mortífero, segundo a força do sentimento que o tipifica e configura, nomeável, à falta de terminologia equivalente, por 'raio da emoção' ou 'raio do desejo', força essa que lhe opera a diferenciação de massa e trajeto, impacto e estrutura.

Vejamos também o que explica o Dr. Jorge Andréa dos Santos no livro *Energética do Psiquismo – Fronteiras da Alma*, acerca do assunto:

> ... o pensamento teria origem nas camadas mais profundas do inconsciente, a sustentar na tela consciente a energética criativa do Espírito. Energética que seria consequência de corpúsculos a escaparem dos núcleos em potenciação, como se fossem verdadeiros psicótons com seus campos vibratórios especiais. O pensamento poderia ser a consequência da movimentação de corpúsculos (afinando-se com o neutrino?) de imensa velocidade de propagação, talvez 10 bilhões de vezes superior à da luz; isto explicaria sua quase instantaneidade na maioria dos mecanismos do psiquismo.

E o que seriam esses psicótons?[52] Segundo o citado autor "... as qualidades dos psicótons em si, seriam ondas energéticas deslocadas da órbita dos núcleos em potenciação, após percorrerem toda a unidade de onde provêm, desde o centro até a periferia."[53]

---

[52] - Psicótons – Psic – Do grego psyché = alma, espírito, intelecto. No contexto significa partícula ou corpúsculo psíquico.
[53] - Jorge A. SANTOS. *Energética do psiquismo* – fronteiras da alma.

Importa assinalar que esse núcleo é o inconsciente, a parte mais profunda do Espírito, que Andréa denomina de *centro espiritual*, inferindo-se, portanto, que a energia varia de acordo com o nível evolutivo do Espírito que lhe dá origem "... fornecendo sugestões boas ou deficientes, como toda a escala que vai de um extremo a outro, de bondade e ignorância."

Mais adiante, o autor acrescenta:

> A onda vibracional que corresponde ao pensamento teria suas naturais variações, desde o mais simples ao mais abstrato. Portanto, neste setor pensamento, as coisas devem ser equacionadas à base de campos vibratórios, mesmo porque o pensamento poderá existir, sem as associações com a matéria, em seus próprios campos vibracionais.

Ao pensar, emitimos vibrações que traduzem nossos desejos, tendências e impulsos, vibrações estas que entram em sintonia com aqueles que pensam como nós. Estamos, pois, imersos nesse gigantesco oceano de pensamentos e vibrações. Para se ter uma noção do que isso representa, imaginemos o que significam *seis bilhões de pessoas encarnadas pensando*. Sem falar nos desencarnados que também integram a população do orbe terreno, que são em maior número. É esse conjunto formidável de pensamentos e vibrações que constitui a psicosfera do planeta Terra.

Mergulhando um pouco mais, profundamente, em nossas cogitações, surgem algumas indagações naturais: Como o ser humano começou a pensar? Como pensava o homem primitivo, habitante das cavernas?

É André Luiz que elucida quanto a esse passo inicial, revelando a trajetória evolutiva do Espírito em sua primeira romagem terrena. Ele menciona o momento em que se estabelece o pensamento contínuo da seguinte forma:

> Com o exercício incessante e fácil da palavra, a energia mental do homem primitivo encontra insopitável desenvolvimento, por adquirir gradativamente a mobilidade e a elasticidade imprescindíveis à expansão do pensamento que, então, paulatinamente, se dilata, estabelecendo no mundo tribal todo um oceano de energia sutil, em que as consciências encarnadas e desencarnadas se refletem, sem dificuldade, umas às outras. (...)
> Pela compreensão progressiva entre as criaturas, por intermédio da palavra que assegura o pronto intercâmbio, fundamenta-se no cérebro o pensamento contínuo e, por semelhante maravilha da alma, as ideias-relâmpagos ou as ideias-fragmentos da crisálida de consciência, no reino animal, se transformam em conceitos e inquirições de alentada substância íntima.[54]

Esclarece ainda que provém "... da mente a força que aciona os implementos da voz."

A importância e a inter-relação do pensamento e da fala é acentuada por Vygotsky[55], quando ele afirma:

> O estudo do pensamento e da linguagem é uma das áreas da psicologia em que é particularmente importante ter-se uma clara compreensão das relações interfuncionais.

---

[54] - Francisco C. XAVIER. *Fonte viva*.
[55] - L. S. VYGOTSKY. *Pensamento e linguagem*.

> A função primordial da fala é a comunicação, o intercâmbio social. (...) O fato de que o entendimento entre as mentes é impossível sem alguma expressão mediadora, é um axioma da psicologia científica. Na ausência de um sistema de signos, linguísticos ou não, somente o tipo de comunicação mais primitivo e limitado torna-se possível. A comunicação por meio de movimentos expressivos, observada principalmente entre os animais, é mais uma efusão afetiva do que comunicação. (...)
> A transmissão racional e intencional de experiência e pensamento a outros requer um sistema mediador, cujo protótipo é a fala humana.

Vygotsky menciona ainda que a relação entre o pensamento e a palavra é um processo,

> ... um movimento contínuo de vaivém do pensamento para a palavra, e vice-versa. Nesse processo, a relação entre o pensamento e a palavra passa por transformações que, em si mesmas, podem ser consideradas um desenvolvimento funcional. O pensamento não é simplesmente expresso em palavras; é por meio delas que ele passa a existir. Cada pensamento tende a relacionar alguma coisa com outra, a estabelecer uma relação entre as coisas. Cada pensamento se move, amadurece e se desenvolve, desempenha uma função, soluciona um problema.

A Doutrina Espírita tem esclarecido, sobejamente, quanto à importância do ato de pensar, no sentido de alertar o ser humano quanto às implicações, reações e resultados que isso acarreta, porquanto, é através do pensamento que cada um influencia o mundo ao seu redor.

Os Benfeitores Espirituais têm transmitido notáveis páginas acerca do pensamento, enfatizando o aspecto moral decorrente do ato de pensar, alertando quanto às consequências de mantermos uma postura mental desequilibrada e ensinando como corrigi-la.

Vejamos, a propósito, alguns trechos de Emmanuel: "Cada ser apenas atinge a vida, até onde possa chegar a onda de pensamento que lhe é próprio."[56]

Isso quer dizer que se os pensamentos do indivíduo permanecem em âmbito restrito, se estão circunscritos apenas ao seu cotidiano, se sua preocupação predominante é a de arranjar um jeito para comparecer todos os fins de semana (e, às vezes, nos dias úteis também) aos bares e botequins, aos motéis, tomando mais algumas doses, anestesiando seus problemas, sua consciência com algum tipo de droga, ou aquela sessão de filmes pornográficos, ou em mesas de jogos; sob outro aspecto, se visa amealhar fortuna à custa da desgraça alheia, se está, enfim, em uma conduta perniciosa e que constitua a meta de sua vida, é nesse nível que estará estagiando. As fronteiras mentais da pessoa ficam delimitadas a suas preferências, não se expandem, não se modificam.

O contrário ocorre quando a pessoa anseia por algo mais substancial, quando amplia as fronteiras do raciocínio pelas leituras que a enriqueçam intelectualmente, abrindo a sua compreensão do mundo e da própria existência, impelindo-a em outras direções ou, mesmo que não tenha estudo, cultura, mas que seja alguém que medite no significado de estar vivo ao mesmo tempo em que cultive sentimentos nobres, essa pessoa alcançará a vida em níveis mais elevados, ampliando, assim,

---

[56] - Francisco C. XAVIER. *Pensamento e vida*.

seus horizontes mentais e favorecendo seu enriquecimento espiritual.

Após deixar o corpo físico, o Espírito se apresenta na Espiritualidade em mesmo nível mental que cultivou na terra, o que evidencia, como é óbvio, a sua condição evolutiva.

Nesse sentido, André Luiz explica:

> No plano espiritual, o homem desencarnado vai lidar, mais diretamente, com um fluido vivo e multiforme, estuante e inestancável, a nascer-lhe da própria alma, de vez que podemos defini-lo, até certo ponto, por subproduto do fluido cósmico, absorvido pela mente humana em processo vitalista semelhante à respiração, pelo qual a criatura assimila a força emanente do Criador, esparsa em todo o Cosmos, transubstanciando-a, sob a própria responsabilidade, para influenciar na Criação, a partir de si mesma.
> Esse fluido é seu próprio pensamento contínuo, gerando potenciais energéticos com que não havia sonhado.[57]

Em notável página intitulada "Fermento Espiritual", Emmanuel comenta:

> Ninguém vive só.
> Temos conosco milhares de expressões do pensamento dos outros e milhares de outras pessoas nos guardam a atuação mental, inevitavelmente.
> Os raios de nossa influência entrosam-se com as emissões de quantos nos conhecem direta ou indiretamente,

---
[57] - Francisco C. XAVIER. *Evolução em dois mundos*.

e pesam na balança do mundo para o bem ou para o mal. (...)
Nossas atitudes e atos criam atitudes e atos do mesmo teor, em quantos nos rodeiam, porquanto aquilo que fazemos atinge o domínio da observação alheia, interferindo no centro de elaboração das forças mentais de nossos semelhantes. (...)
Pensamento é fermentação espiritual. Em primeiro lugar estabelece atitudes, em segundo gera hábitos e, depois, governa expressões e palavras, através das quais a individualidade influencia na vida e no mundo.[58]

Pensamentos negativos

Não é difícil constatarmos que os pensamentos negativos predominam em nossa mente. Somos atraídos, sem perceber, por aspectos sombrios da vida, detemo-nos em conversações deprimentes, em detalhes que ressaltam o lado desequilibrado das pessoas e situações, e o que é pior, quando a sós, damos asas à imaginação que nos incute temores, que sugere ideias de teor pessimista, o que acaba por abrir campo à tristeza, revolta ou desânimo.

Mas, não ficamos apenas nisso. De acordo com o que pensamos ligamos a TV e damos preferência aos programas que relatam as tragédias do cotidiano, seus conflitos e dramas. E, sendo essa a situação mental da maioria das pessoas, é fácil compreender o motivo pelo qual alcançam maior índice de

---

[58] - Divaldo P. FRANCO. *Seara do bem.*

audiência na TV os programas que exploram esses aspectos negativos, que apresentam o lado grotesco das pessoas, os noticiários policiais em que o crime e a violência predominam, enquanto que os programas que registram as ações altruísticas, os documentários educativos e instrutivos, a música de boa qualidade não têm a mesma repercussão.

Nossa visão está deturpada, nossos ouvidos não estão afinados e nossa mente está condicionada a milênios de insanidade, nosso psiquismo está encharcado de pensamentos estratificados nas faixas negativas.

O mesmo acontece com nossas leituras, filmes, músicas etc.

Trazemos de experiências anteriores, nas quais nos mantivemos na ignorância ou desconsideramos as Divinas Leis que regem o Universo, os sentimentos de culpa, o tédio e a revolta que hoje ressumam em tendências nocivas, quando não deságuam em distúrbios mentais de maior ou menor gravidade, ou ainda, em enfermidades diversas.

Assim, a nossa mente está condicionada à não aceitação das experiências educativas que nos restringem ao uso do livre-arbítrio, ou àquelas que expressam limitações e deficiências de ordem mais severas.

De maneira geral, acabamos por negar nossas próprias potencialidades, pois, inconscientemente, não nos julgamos aptos ou merecedores e, por via de consequência, fugimos de nossas responsabilidades.

Resultam de tudo isso pensamentos do tipo eu não consigo, não quero, não posso, não sei, não aguento, não sou capaz, não tenho forças, não suporto, não... Ou então, eu sabia que não ia dar certo; tudo de ruim me acontece; tenho medo de não conseguir; ninguém me quer; ninguém presta. É uma lista grande de convicções e previsões negativas.

Conforme o estado mental do indivíduo corresponde, portanto, a sua vida.

Diz Emmanuel, a propósito, de forma muito bela:

> Nossos pensamentos são paredes em que nos enclausuramos ou asas com que progredimos na ascese.
> Como pensas, viverás.
> Nossa vida íntima, nosso lugar.
> Recolhe-te e enxergarás o limite de tudo o que te cerca.
> Expande-te e encontrarás o infinito de tudo o que existe.[59]

Enclausurados nos pensamentos negativos cultivados vida afora, é natural que as dificuldades se agravem e as alterações físicas venham a surgir, como decorrência.

Esclarecendo essas implicações, Joanna de Ângelis leciona com a profundidade que lhe é peculiar:

> A vida mental responde pelas atitudes comportamentais, expressando-se em forma de saúde ou doença conforme o teor vibratório de que se revista.
> O bombardeio de petardos contínuos, portadores de

---
[59] - Francisco C. XAVIER. *Fonte viva*.

alta carga destrutiva, agindo sobre os tecidos sutis da alma, desarticula as engrenagens do perispírito que reflete, no corpo e na emoção, as enfermidades de etiologia difícil de ser detectada pelos métodos comuns. (...)
Acumulando cargas deletérias, desconjuntam-se os delicados tecidos sustentados pela energia, ocasionando os desastres no campo da inarmonia propiciadora de distúrbios variados e contaminações compreensíveis.
A ação imunológica do organismo desaparece sob a contínua descarga das forças perniciosas, abrindo espaço para as calamidades físicas e psicológicas. (...)
Vários tipos de cânceres, alergias e infecções na esfera física, e neuroses, esquizofrenias e psicoses na faixa psíquica, têm as suas gêneses no comportamento mental e nos seus efeitos morais.[60]

Na mesma obra, a Mentora explica que "... a ansiedade e o medo desestruturam o edifício celular dando margem a distonias complexas", e enfatiza que a vingança corrói os sentimentos, comparando-a com ácido destruidor, que abre brechas para a amargura, o suicídio e a alucinação.

Pensamentos positivos

É importante termos em mente que o Espírito é herdeiro de si mesmo. Tudo o que somos hoje tem as suas causas no ontem, no passado, quando não decorrem de ações viciosas do presente. Portanto, a cada dia preparamos a nossa herança para os dias vindouros.

---

[60] - Divaldo P. FRANCO. *Seara do bem*.

Pensamentos positivos anulam os de teor negativo.

Ideias enobrecedoras substituem as que nos condicionam às torpezas, à crueldade, à revolta, que constituem a maior parte de nossa bagagem íntima.

Mentalizar um ideal superior e perseverar em conquistá-lo preenche a mente, evitando as habituais dispersões e fugas dos pensamentos, que teimam em deter-se nos porões do subconsciente, por não acostumados à disciplina do bem.

A mente condicionada ao mal, ao desequilíbrio, à insanidade, tem dificuldade em reverter esse quadro vicioso e alicerçar os valores mais altos e edificantes da vida imortal, exigindo treinamento disciplinador que requer tempo e constância para se reestruturar de forma saudável.

É difícil alcançar esse objetivo? É possível consegui-lo?

Realmente não é fácil. Como não é fácil vencer as etapas da vida, criar hábitos de higiene na fase infantil, aprender a ler e a escrever, passar no vestibular, educar-se e educar os filhos e outras ocorrências da existência terrena.

Sim, é possível conquistar essa disciplina mental. Assim o fazem os mestres orientais, que se empenham nesse controle.

Vejamos agora a questão da dor. Para isso trazemos a palavra abalizada do Dr. Bernie Siegel, que a tem estudado profundamente (especialmente nos casos de câncer) e que orienta quanto aos efeitos dos pensamentos em seu livro *Amor, Medicina e Milagres*.

Ainda não se sabe bem de que forma a composição química do cérebro se relaciona com as emoções e os pensamentos, mas nosso estado de Espírito tem um efeito imediato e direto sobre o estado físico: podemos interferir no corpo examinando como nos sentimos. Se lutarmos contra a dor e procurarmos ajuda, a mensagem é 'viver é difícil, mas desejável', caso em que o sistema imunológico entra em ação para nos manter vivos.
Por isso mesmo, costumo lançar mão de dois grandes recursos para alterar o estado físico: emoções e imaginação. Representam as duas formas de fazer entrar em comunicação mútua a mente e o corpo. As emoções e as palavras dão a saber ao corpo aquilo que dele esperamos, e, imaginando certas mudanças, contribuímos para que o organismo as produza.

Destacamos para nossos prezados leitores mais um trecho do Dr. Siegel, que é médico cirurgião em New Haven (Connecticut) e professor da Universidade de Yale:

A mente, no entanto, não age apenas por meio de opções conscientes. Muitas vezes, seus efeitos incidem diretamente sobre os tecidos do organismo, sem conhecimento de nossa parte. (...) O corpo responde às mensagens mentais, conscientes ou inconscientes. Em geral, as mensagens dizem 'viva' ou 'morra'. Estou convencido de que não temos só mecanismos de sobrevivência, a exemplo da reação luta-ou-fuga, mas também um mecanismo que diz 'morra'. E consegue realmente bloquear nossas defesas, reduzindo as funções orgânicas e encaminhando-nos para a morte, quando sentimos que a vida já não vale a pena.

E mais: A cura é um ato criador, que exige todo o esforço e dedicação que as outras formas de criatividade reclamam.[61]

Finalizando com o próprio Dr. Siegel, citando um trecho do livro *Há um Arco-Íris Atrás de Cada Nuvem Escura*: "A mente é capaz de tudo, podemos aprender a controlar a mente e optar por sermos felizes 'por dentro', com um coração sorridente, a despeito daquilo que se passa conosco 'por fora'."

---

[61] - Bernie S. SIEGEL. *Amor, Medicina e milagres.*

07 - Formas-pensamento

> "Sendo os fluidos o veículo do pensamento, este atua sobre os fluidos como o som sobre o ar; eles nos trazem o pensamento como o ar nos traz o som."
>
> Allan Kardec (*A Gênese* – c. XIV)

No limiar do século XX, Ernesto Bozzano traz a público o seu livro *Pensamento e Vontade*, no qual aborda, com muita coragem, diga-se logo, um tema bastante incomum para a época, as formas-pensamento e a fotografia do pensamento. Pode-se imaginar a repercussão e as críticas irônicas que o assunto despertou, pois ainda hoje, século XXI, o tema continua sendo fantasioso para a maioria das pessoas.

Inicialmente, Bozzano apresenta a seguinte proposição: "– pode um fenômeno psicológico transformar-se em fisiológico; o pensamento pode fotografar-se e concretizar-se em materialização plástica, tanto quanto criar um organismo vivo."

O autor esclarece que os filósofos alquimistas do século XVI e XVII já conheciam o poder da mente e a criação das formas-pensamento.

Ele menciona que o pensamento e a vontade são elementos plásticos e organizadores e que "... todo e qualquer pensamento não é mais que um fenômeno de memória."

Ressalta que empregará os vocábulos ideia ou imagem com o significado de "... lembrança de uma ou de muitas sensações simples ou associadas."

Vejamos os pontos básicos em que Bozzano fundamenta o tema do livro:

- existem tantos agregados de imagens, quanto os sentidos que possuímos;
- temos grupos de imagens visuais, auditivas, táteis, olfativas, gustativas, motrizes etc.;
- memória, raciocínio, imaginação são fenômenos psíquicos que, em última análise, consistem no grupar e coordenar imagens, em lhes apreender as conexões, a fim de as retocar e agrupar em novas correlações, segundo maior ou menor potência intelectual dos indivíduos;
- imaginação, abstração e comparação são faculdades superiores da inteligência e delas decorrem todos os inventos e descobertas, inspiração e criações do gênio;
- imagens consecutivas – assim denominadas quando frequentemente repetidas, sendo que adquirem vivacidade excepcional, podendo persistir longamente, mesmo depois de extinta a causa geradora.

Com respeito às formas do pensamento, o autor cita alguns casos, dentre os quais selecionamos o da clarividente sonâmbula Maria Reynes, cuja faculdade estava sendo investigada pelo Dr. Pagenstecher. Quando em transe, a clarividente declarou ao pesquisador: "– Muitas vezes lhe vi no cérebro a imagem radiosa da sua genitora, bem como de pessoas outras nas quais o senhor estava pensando, sem mo dizer."

Bozzano relata também o interessante caso ocorrido com Vicent Turvey que era clarividente e médium e sempre exerceu, gratuitamente, as suas faculdades mediúnicas em prol da causa espiritualista. O próprio Sr. Turvey registra-o em seu livro *The Beginning of Sership*, em que relata suas experiências que foram, devidamente, acompanhadas e documentadas por pesquisadores.

O fato aconteceu no dia 26 de fevereiro de 1908 (não foi citado o local). Neste dia, bateu-lhe à porta um vendedor de revistas da Sociedade de Propaganda Cristã. O dono da casa deixou que ele entrasse e adquiriu uma revista e observou que esta trazia um artigo acerca do Espiritismo, atribuindo-lhe uma origem diabólica. Estabeleceu-se entre ambos viva controvérsia, sendo que o visitante tentava convencê-lo de que "aquelas coisas" eram diabólicas. Antes de se retirar ainda proferiu uma prece, pedindo a Deus que abrisse os olhos do Sr. Turvey. Segundo narra este, o homem "lá se foi, assegurando-me que dali por diante os diabos ficavam expulsos de minha casa". Fechada a porta, o médium sentou-se no sofá da sala para repousar e meditar.

> Eis que repentinamente – diz ele – me surgem três 'diabinhos', absolutamente idênticos ao tipo ortodoxo: – corpo humano, pés de bode, pequenos chifres atrás das orelhas, cabelos lanudos, tez acobreada. Meu primeiro cuidado foi erguer-me, para melhor certificar-me de que não estava sonhando. Sem embargo, lá estavam os diabinhos!

Foi necessária ao Sr. Vincent Turvey a ajuda dos seus guias espirituais para que as formas-pensamento se diluíssem.[62]

---

[62] - Ernesto BOZZANO. *Pensamento e vontade*.

Fotografia de formas-pensamento

As formas-pensamento podem ser fotografadas.

Desde o final do século XIX e início do século XX que experiências neste sentido foram realizadas, com alguns resultados positivos, mesmo sem os sofisticados recursos dos nossos dias.

Nesse campo destacam-se as pesquisas do Dr. Jule Eisenbud, professor da Universidade do Colorado, nos Estados Unidos.

Na década de 60, o Dr. Eisenbud lançou o livro *The Word of Ted Serios*, em que resume testes realizados com o sensitivo Ted Serios nos laboratórios dessa universidade, na presença de outros cientistas.

Durante a prova, Serios fixava os olhos nas lentes apontadas para o seu rosto e ia criando a imagem desejada; ele a via se formando e, segundo explica, "... tem a impressão de que algo está sendo desenhado na sua testa". É justamente nesse momento que a chapa é batida. As fotografias psíquicas mostram edifícios, cidades, pontes, quarteirões de cidades, construções antigas. Em uma das mais notáveis, aparece a Casa Branca, residência oficial dos presidentes norte-americanos, em ângulo que só poderia ser tomado de um helicóptero, o que seria impossível diante da extrema segurança que a cerca.

À época das experiências, George Topp noticiou no jornal inglês *The People* (1968) que uma das fotografias mostra uma panorâmica de uma grande cidade, tal como se tivesse sido batida de um ponto alto. Aparecem arranha-céus, uma rodovia e, posteriormente, foi identificada ser parte da cidade de Dallas, no Texas, porém com uma diferença realmente surpreendente, pois na foto estão três prédios ao fundo, mas em Dallas existem apenas dois "– o terceiro está ainda em construção!"

Mas, talvez o mais surpreendente resultado tenha sido obtido sem o "auxílio da câmara. Serios se concentrou em uma parede lisa e a imagem surgiu, com muita nitidez, à vista de todos os pesquisadores."

Estes dados foram extraídos de artigo do ilustre jornalista Carlos Bernardo Loureiro, publicado na *Revista Reformador*, de julho de 1997.

A literatura espírita muito tem contribuído para o entendimento acerca desse assunto, especialmente a mediúnica.

Apraz-nos ressaltar, primeiramente, que Allan Kardec apresenta precioso esclarecimento a respeito em *A Gênese*, porém o Codificador denomina a forma-pensamento de *fotografia do pensamento* (por analogia), a qual não deve ser confundida com a fotografia como ato de alguém fotografar uma pessoa ou fotografar uma forma-pensamento.

Observemos o texto:

> Criando imagens fluídicas, o pensamento se reflete no envoltório periespirítico, como num espelho; toma nele corpo e aí, de certo modo, se fotografa. Tenha um homem, por exemplo, a ideia de matar a outro: embora o corpo material se lhe conserve impassível, seu corpo fluídico é posto em ação pelo pensamento e reproduz todos os matizes deste último; executa fluidicamente o gesto, o ato que intentou praticar. O pensamento cria a

imagem da vítima e a cena inteira é pintada, como num quadro, tal como se lhe desenrola no Espírito.
Desse modo é que os mais secretos movimentos da alma repercutem no envoltório fluídico; que uma alma pode ler noutra alma como num livro e ver o que não é perceptível aos olhos do corpo.[63]

Atualmente, os autores espirituais, pela via mediúnica, têm aprofundado esse tema de maneira mais detalhada.

Mas, antes de transcrevermos os textos dos Benfeitores Espirituais queremos assinalar que o saudoso médium Chico Xavier teve uma experiência marcante, conforme está narrada em meu livro, do qual extraímos a elucidação que se segue.

Em carta datada de 12/06/1948 e endereçada ao então presidente da FEB (Federação Espírita Brasileira), Wantuil de Freitas, o médium mineiro relata o que percebeu quando, ao aplicar um passe, "... entrou na esfera fluídica do receptor". Vejamos o seu relato:

> Há pouco tempo, nesse trabalho (de passes) vi a cena que preocupava o doente – um crime por ele cometido há trinta anos. O caso foi para mim muito doloroso. E é tão grande e tão complexo que não cabe numa carta. Faço a referência tão-só para comentarmos a complexidade dessa tarefa.[64]

---
[63] - Allan KARDEC. *A gênese*.
[64] - Suely C. SCHUBERT. *Testemunhos de Chico Xavier*.

Este trecho está em um contexto em que Chico fala acerca da tarefa do passe e de suas diferentes sensações ao aplicá-lo em cada pessoa. Comentando a explicação do médium, digo a certa altura:

> No instante da transmissão estabelece-se uma corrente de força, um circuito entre o receptor e o doador. É nesse momento que determinados médiuns, com uma sensibilidade maior, entram em sintonia com a esfera fluídica do receptor, isto é, com o campo de sua aura, passando a detectar sintomas de enfermidade e outras reações que dele emanam. É uma espécie de absorção, tal como elucida Kardec, e se dá pelos poros perispiríticos do médium, com reflexos no seu corpo físico.

É exatamente por essa sensibilidade e consequente captação que Chico Xavier registra a forma-pensamento exteriorizada pela pessoa em quem está aplicando o passe.

André Luiz, anos mais tarde, escreveria a respeito do assunto. Atentemos para o texto a seguir.

Em *Nos Domínios da Mediunidade*, psicografia de Francisco C. Xavier, no capítulo intitulado "Mandato Mediúnico", André Luiz apresenta a médium Ambrosina que, segundo descreve, está revestida por um halo de irradiações opalinas. O Instrutor Espiritual Áulus esclarece que ela se dedicava, há mais de vinte anos, ao exercício da mediunidade cristã, tendo renunciado "... às mais singelas alegrias do mundo."

André Luiz menciona que, ao se aproximarem da médium, notaram que ela estava preocupada. Observemos o que ocorreu:

Abeiramo-nos da médium respeitável e modesta e vimo-la pensativa, não obstante o vozerio abafado, em torno. Não longe, o pensamento conjugado de duas pessoas exteriorizava cenas lamentáveis de um crime em que se haviam embrenhado.
E, percebendo-as, Dona Ambrosina refletia, falando sem palavras, em frases audíveis tão-somente em nosso meio: – 'Amados amigos espirituais, que fazer? Identifico nossos irmãos delinquentes e reconheço-lhes os compromissos. (...) Um homem foi eliminado. (...) Vejo-lhe a agonia retratada na lembrança dos responsáveis. (...) Que estarão buscando aqui nossos infortunados companheiros, foragidos da justiça terrestre?'
Reparávamos que a médium temia perder a harmonia vibratória que lhe era peculiar.
Não desejava absorver-se em qualquer preocupação acerca dos visitantes mencionados.
Foi então que um dos mentores presentes se aproximou e tranquilizou-a: – Ambrosina, não receie. Acalme-se. É preciso que a aflição não nos perturbe. Acostume-se a ver nossos irmãos infelizes na condição de criaturas dignas de piedade. Lembre-se de que nos achamos aqui para auxiliar, e o remédio não foi feito para os sãos. Compadeça-se, sustentando o próprio equilíbrio!
Somos devedores de amor e respeito uns para com os outros e, quanto mais desventurados, de tanto mais auxílio necessitamos. É indispensável receber nossos irmãos comprometidos com o mal, como enfermos que nos reclamam carinho.
A médium aquietou-se.
Passou a conversar naturalmente com os frequentadores da casa.

Transmissão de formas-pensamento no processo obsessivo

Encontramos excelente e minuciosa explicação de como funciona o cérebro, na transmissão de formas-pensamento, no livro *Ação e Reação*.

É por meio de Silas, companheiro espiritual de André Luiz, que ficamos sabendo a respeito, quando explica o processo obsessivo no qual o Espírito perseguidor (Leonel) utiliza do recurso da criação de formas-pensamento, de teor negativo, para dominar a sua vítima (Luís). O que se lerá a seguir é parte do diálogo entre Silas e Leonel, Espírito vingador, sendo que este supõe estar diante de alguém do mesmo nível e que pensa como ele.

> Estamos diante dum processo de transmissão de imagens, até certo ponto análogo aos princípios dominantes na televisão, no reino da eletrônica, atualmente tão em voga no plano terrestre. Sabemos que cada um de nós é um fulcro gerador de vida, com qualidades específicas de emissão e recepção. O campo mental do hipnotizador, que cria no mundo da própria imaginação as formas-pensamento que deseja exteriorizar, é algo semelhante à câmara de imagem do transmissor, tanto quanto esse dispositivo é idêntico, em seus valores, à câmara escura da máquina fotográfica. Plasmando a imagem da qual se propõe a extrair o melhor efeito, arroja-a sobre o campo mental do hipnotizado que, então, procede à guisa do mosaico em televisão ou à maneira da película sensível do serviço fotográfico. Não ignoramos que na transmissão de imagens à distância, o mosaico,

recolhendo os quadros que a câmara está explorando, age como um espelho sensibilizado, convertendo os traços luminosos em impulsos elétricos e arremessando-os sobre o aparelho de recepção que os recebe, através de antenas especiais, reconstituindo com eles as imagens pelos chamados sinais de vídeo, e recompondo, dessa forma, as cenas televisadas na face do receptor comum. No problema em estudo, você, Leonel, criou os quadros que se propôs transmitir ao pensamento de Luís, e, usando as forças positivas da vontade, coloriu-os com os seus recursos de concentração na sua própria mente, que funcionou como câmara de imagem. Aproveitando a energia mental, muito mais poderosa que a força eletrônica, projetou-os, como legítimo hipnotizador, sobre o campo mental de Luís, que funcionou qual mosaico, transformando as impressões recebidas em impulsos magnéticos, a reconstituírem as formas-pensamento plasmadas por você (refere-se a Leonel) nos centros cerebrais, por intermédio dos nervos que desempenham o papel de antenas específicas, a lhes fixarem as particularidades na esfera dos sentidos, num perfeito jogo alucinatório, em que o som e a imagem se entrosam harmoniosamente, como acontece na televisão, em que a imagem e o som se associam com o apoio eficiente de aparelhos conjugados, apresentando no receptor uma sequência de quadros que poderíamos considerar como sendo 'miragens técnicas'.[65]

Manuel Philomeno de Miranda, o consagrado Autor Espiritual que tantos ensinamentos nos tem dispensado, refere-se ao assunto em mensagem intitulada "Formas-pensamento", psicografada por Divaldo Franco, publicada em alguns periódicos espíritas. A página refere-se ao assunto obsessão, e o autor

---

[65] - Francisco C. XAVIER. *Ação e reação*.

evidencia a importância do pensamento e a presença de formas-pensamento que passam a dominar a mente do obsidiado, agravando-lhe a situação. A seguir, transcrevemos alguns trechos bastante esclarecedores.

> Em razão da tendência comum a muitas criaturas para o cultivo de ideias deprimentes, vulgares, agressivas, o pensamento constrói paisagens terrificantes pela sordidez, pela qualidade inferior, na qual o indivíduo fica submerso, respirando o bafio pestilencial que organiza a paisagem infeliz.

Similarmente, a construção mental de formas sensuais, hediondas, vingadoras, as mesmas adquirem plasticidade e vida, tornando-se parte integrante da psicosfera do seu autor.

À medida que se concretizam, na razão direta em que são vitalizadas, essas construções passam a agir sobre o paciente, causando-lhe conflitos muito desgastantes.

> Essas imagens vivas adquirem identidade e espontaneidade, agredindo e ultrajando aquele que as fomenta.
> Quando em parcial desprendimento pelo sono, torna-se vítima pela multidão que o envolve, encarcerando-o em estreito círculo de viciações nas quais se compraz.
> Alimentando-se dos vibriões mentais – aspirações perniciosas que o pensamento elege – parecem seres reais ameaçadores, que exaurem a fonte da qual se originam. Estimuladas e direcionadas, por afinidades morais inferiores de Espíritos perversos, zombeteiros ou vulgares, transformam-se em processos obsessivos que assumem caráter de crescente gravidade.

Aqueles que se permitem fixações mentais viciosas, malfazejas, invejosas, sem que se dêem conta, se transformam nas primeiras vítimas da ocorrência nefasta, retendo-se nas faixas primitivas onde se homiziam as forças da perversidade e do primarismo.
São comuns esses fenômenos de auto-sugestão entre as criaturas humanas por cultivarem pensamentos negativos e insensatos, que os aprisionam nas malhas fortes das próprias ondas mentais perniciosas.
Diante de injunções de tal natureza como de outras, o valioso recurso da oração é terapia poderosa, que desagrega essas energias mórbidas e propicia aragem mental salutar para novas e superiores formulações, que passarão a envolver o paciente, restaurando-lhe o equilíbrio. Especialmente antes do repouso pelo sono diário, a vigilância mental se torna de alta importância, a fim de que as propostas enobrecidas do pensamento induzam o Espírito a viajar às regiões ditosas de onde retornará renovado, edificado e predisposto à conduta correta.
Na raiz de qualquer transtorno obsessivo, sempre se encontra presente a inferioridade do paciente, cuja irradiação vibratória propicia o campo hábil para as conexões e fixações perturbadoras.[66]

Manuel Philomeno de Miranda termina a mensagem enfatizando a necessidade da renovação interior, do cultivo da caridade e da necessidade do estudo do Espiritismo, "... que é o mais completo tratado de psicoterapia, para os que desejam uma vida saudável e em paz."

---

[66] - Divaldo P. FRANCO. Mensagem de Manoel P. de Miranda, em 23/11/1998.

08 - O Cérebro

"O cérebro é o órgão sagrado da manifestação da mente, em trânsito da animalidade primitiva para a espiritualidade humana."

André Luiz [67]

O homem quer se tornar um viajante sideral. Já foi à Lua, caminhou no solo lunar e construiu e mantém estações espaciais. Anseia por percorrer os espaços cósmicos em naves cada vez mais sofisticadas, que o possam levar a anos-luz da Terra. Como ainda não pode realizar esse sonho em plenitude, tem criado sondas espaciais, equipamentos, extremamente, precisos para conhecer um pouco mais em relação aos astros que cintilam no Cosmos. Conseguiu, também, enviar um desses engenhos a Júpiter e tem recebido informações incríveis acerca desse gigante, que é o maior planeta do sistema solar. Querendo saber ainda mais, procura sinais de vida em outras galáxias.

O homem tem os pés fincados na terra e o pensamento nos enigmas do Universo e do minúsculo planeta em que vive.

Entretanto, o ser humano sabe muito pouco sobre si mesmo. E embora já tenha feito consideráveis progressos quanto ao seu corpo físico, ainda é escasso o seu conhecimento em relação às suas emoções e reações e, por enquanto está tateando no que tange a entender o complexo mecanismo de seu cérebro.

---

[67] - Francisco C. XAVIER. *No mundo maior.*

Como o cérebro funciona? Como produz o pensamento? O que é o pensamento? E a memória? A inteligência? Como pode o cérebro físico produzir coisas tão abstratas quanto a inteligência, os pensamentos, a memória?

A lista das funções do cérebro é grande. Na verdade, o cérebro é uma fantástica máquina, uma assombrosa usina em permanente atividade. Temos noção de nossa capacidade intelectual, de como a utilizamos em nossa vida, mas desconhecemos os processos mentais que ocorrem na intimidade do cérebro.

Em novembro de 1995, realizou-se em San Diego, na Califórnia, o 25º Encontro da Sociedade Americana de Neurociências, com a presença de 20 mil pesquisadores do mundo inteiro. É bom recordar que os anos 90 foram designados, por decreto do então presidente dos Estados Unidos, George Bush, assinado em 1989, "a década do cérebro."

As pesquisas em torno do funcionamento do cérebro foram intensificadas naquele país e isso acabou se refletindo em laboratórios de outras partes do mundo.

Por ocasião do megaevento de San Diego, a Dr.ª Carla Shatz, que o presidiu, declarou o seguinte:

> Começamos a entender o papel de cada região do sistema nervoso. Resta saber como as regiões da massa cinzenta influenciam umas às outras.
> Quando se retira, por exemplo, quase metade do cérebro de uma criança em razão de doenças, o restante pode aprender o trabalho da parte extraída. Até os dez anos de idade, qualquer neurônio é um bom aprendiz, ligando-se a neurônios vizinhos para adquirir outras

funções. Quanto mais jovem é alguém, maior a plasticidade dessas células, ou seja, sua capacidade de criar conexões, que são a base das habilidades e da personalidade. Mas isso ainda não justifica a fantástica recuperação das crianças: de onde vêm as instruções para as tarefas, se as áreas que as realizavam não estão mais lá?

Outro ponto que intriga os estudiosos é que durante o desenvolvimento do sistema nervoso (num bebê em gestação) uma célula 'saiba' em que direção estão as destinatárias de suas mensagens.[68]

A fantástica rede de comunicação entre os neurônios

Hoje, fala-se muito em neurônios, mas, de maneira geral, pouco conhecemos a respeito de seu funcionamento.

Os neurônios são as células do sistema nervoso e são especializadas na coleta e transmissão de dados, por meio de processos eletroquímicos.

O encéfalo, que compreende o cérebro, o cerebelo e o bulbo, contém, aproximadamente, cem bilhões de neurônios e um número ainda maior de glias, que são células de suporte.

Os neurônios são dotados de extensões, os *dendritos* – que recebem informações e são as principais unidades receptoras –, e os *axônios*, que transmitem as informações e são as principais unidades condutoras dos neurônios.

Possuem ainda estruturas específicas, denominadas *sinapses* e substâncias químicas específicas – os *neurotransmissores*.

---

[68] - Dados extraídos da *Revista Super Interessante* – janeiro de 1996.

As sinapses são estruturas que possibilitam a troca de informações entre os neurônios.

Um único axônio pode formar sinapses com mil outros neurônios.

O sistema de comunicação entre os neurônios é feito através de impulsos eletroquímicos.

O cérebro contém dezenas de bilhões de neurônios interligados por um número ainda maior de sinapses. Nestas estão em ação os neurotransmissores, alguns bem conhecidos tais quais a noradrenalina, a aceticolina, a dopamina, a serotonina etc.

Na verdade, existe no cérebro notável rede de comunicação, cujo funcionamento destacamos a seguir: um neurônio capta a informação e a transforma em impulso nervoso, que se propaga até o axônio que transmitirá o impulso para a sinapse, que possibilita a transmissão de informações entre os neurônios. Para chegar até outro neurônio é preciso, ainda, o concurso de um dendrito, que é a terminação receptora de outro neurônio, quando, então, entram em ação os neurotransmissores, conhecidos como "mensageiros do cérebro".

Convém ressaltar que se denomina de impulso nervoso a informação recebida pelo neurônio, e que se propaga em seu interior por meio de fenômenos elétricos.[69]

O ilustre médico neurologista espírita, Dr. Nubor Orlando Facure, explicando o que é o fenômeno elétrico de forma mais detalhada, diz:

---

[69] - Lair RIBEIRO. *Inteligência aplicada*.

Nos neurônios, a 'eletricidade' é gerada por uma corrente iônica com a entrada de sódio e a saída de potássio atravessando a membrana do axônio como um rastilho queimando pólvora. Podemos dizer que, ao invés de um 'choque elétrico', o neurônio ativado lembra muito mais uma 'tempestade química'.[70]

Outro ponto importante mencionado pelo citado autor é a questão da regeneração e plasticidade dos neurônios. Ele assinala que neurônios parcialmente destruídos apresentam "... um certo grau de plasticidade promovendo além da sua regeneração um novo ordenamento de conexões."

Assim prossegue o Dr. Facure:

> ... acredita-se que um determinado neurônio tem possibilidade funcional (flexibilidade) para compor mais de um papel numa infinidade de constelações neurais. Não há um determinismo estático para o neurônio. Ele não pode ser visto como uma tecla de piano que se presta apenas e unicamente para a produção de uma nota só.

Observemos agora o que André Luiz ensina a respeito:

> A célula nervosa é entidade de natureza elétrica, que diariamente se nutre de combustível adequado. Há neurônios sensitivos, motores, intermediários e reflexos. Existem os que recebem as sensações exteriores e os que recolhem as impressões da consciência. Em todo o cosmos celular agitam-se interruptores e condutores,

---

[70] - Nubor O. FACURE. *Muito além dos neurônios*.

elementos de emissão e recepção. A mente é a orientadora desse universo microscópio em que bilhões de corpúsculos e energias multiformes se consagram a seu serviço.[71]

A atividade dos neurônios está submetida aos princípios de termodinâmica e consome energia própria da vida física. Isto também é explicado de forma muito clara pelo Dr. Nubor Facure, no texto a seguir:

> A atividade dos neurônios no cérebro exige um consumo de energia que é fornecido por substâncias que chegam até ele pela circulação sanguínea. Como em qualquer processo que produz um determinado trabalho, a energia é transformada ou transferida, mas não é criada dentro do sistema que a utiliza. Para o cérebro, a energia chega através do sangue, pelo qual seguem as substâncias químicas que permitem aos neurônios gerar impulsos elétricos que, por sua vez, fazem os músculos se contraírem produzindo um trabalho mecânico. Há uma relação direta entre a atividade cerebral e seu consumo de energia. É fundamental, portanto, o fornecimento externo dos alimentos para a circulação sanguínea e desta para a célula cerebral. Só assim podemos pôr em funcionamento os bilhões de neurônios que sinalizam nossas mais complexas tarefas.[72]

Importa assinalar a distinção entre esse tipo de energia e a energia psíquica, para tanto recorremos novamente ao Dr. Nubor Facure, que assim se exprime:

---

[71] - Francisco C. XAVIER. *No mundo maior.*
[72] - Nubor O. FACURE. *O cérebro e a mente*: uma conexão espiritual.

> Embora a evolução da Física tenha revelado o mecanismo íntimo de vários fenômenos da natureza, permanece como grande incógnita a definição do que é Energia e qual a sua fonte de criação no Universo. (...)
>
> Pressupõe-se,
>
>> ... que deve haver no Universo uma outra ordem de manifestações que nossos sentidos não conseguem registrar. Nessa outra realidade, deve circular uma outra expressão de Energia, ou uma variação de uma possível Energia Primitiva, que seria comum à expressão de todos os fenômenos, nas suas mais diversas dimensões.
>> Em níveis mais fundamentais, deve fluir a Energia que emana de Deus, de quem deve prover a força espiritual que cria a Alma e alimenta o pensamento humano.
>> Nessas circunstâncias, a atividade mental que realizamos não é detectável como gasto de energia que a vida física consome. Essa Energia psíquica não é contabilizada em termos termodinâmicos, como a que o cérebro consome. Não há nada nos neurônios que possa registrar maior ou menor consumo de energia quando pensamos com muito ou pouco vigor na criação das nossas vitórias ou derrotas.

A esta altura, é oportuno aduzirmos algumas considerações ao texto acima.

A Energia Psíquica Primitiva é o Pensamento de Deus, que preenche todo o Universo, no qual tudo está mergulhado como em um oceano de grandeza inimaginável.

O pensamento das criaturas é parte integrante desse todo universal, e também atua provocando reações compatíveis com o teor vibratório de que se reveste. Os Espíritos Superiores, denominados por André Luiz de "legiões angélicas", operam no micro e macrocosmos, ou seja, no mundo das formas infinitesimais e no mundo grandioso e incomensurável das galáxias, astros e mundos que povoam o Universo, assim também em todos os fenômenos da Natureza, sob o comando divino.

O pensamento dos seres humanos, por sua vez, interfere no acervo dos recursos de nosso planeta, no exercício do livre-arbítrio de que todos somos dotados, compreendendo-se, porém, que há limites nessa atuação por ser "indiretamente controlada pelo comando superior."

O fluxo de pensamentos que o ser humano exterioriza constitui-lhe a matéria mental aqui denominada de energia ou força psíquica.

Esta energia psíquica é própria de todos os Espíritos, encarnados ou desencarnados.

André Luiz assim a descreve, na palavra do Instrutor Espiritual Gúbio:

> Esta força não é patrimônio de privilegiados. É propriedade vulgar de todas as criaturas, mas entendem-na e utilizam-na somente aqueles que a exercitam através de acuradas meditações. É o 'spiritus subtilissimus' de Newton, o 'fluido magnético' de Mesmer e a 'emanação ódica' de Reichenbach. No fundo, é a energia plástica da mente que a acumula em si mesma, tomando-a ao fluido universal em que todas as correntes da vida se banham e se refazem, nos mais diversos reinos da natureza,

dentro do Universo. Cada ser vivo é um transformador dessa força, segundo o potencial receptivo e irradiante que lhe diz respeito. Nasce o homem e renasce, centenas de vezes, para aprender a usá-la, desenvolvê-la, enriquecê-la, sublimá-la, engrandecê-la e divinizá-la.[73]

Somos seres pensantes. Pensar parece simples, mas não o é. É extremamente complexo entender o ato de pensar e o processo mental que leva a isso.

O matemático inglês Roger Penrose explica que o cérebro não tem a capacidade de entender a si mesmo, mas isso é um ardil, pois quando o cérebro for capaz de entender a si próprio ele terá se modificado de tal forma que será preciso iniciar o estudo de novo ponto de partida. E acrescenta, que no fundo ninguém sabe onde termina o cérebro e começa a mente.

Com o Espiritismo, entretanto, temos a compreensão de que no *cérebro encontra-se o órgão de manifestação da atividade espiritual* – conforme leciona o Instrutor Espiritual Calderaro.

Segundo esclarece, em entrevista, o médico e biólogo Eugênio Mussak, pesquisador do cérebro e suas funções, o cérebro humano é dividido em três partes. A primeira é o sistema R, formado pelo hipotálamo e pelos núcleos de base, onde estão os componentes neurológicos que controlam nossa sobrevivência. É o chamado cérebro reptiliano dos seres humanos. Dele emana o nosso comportamento instintivo. É assim denominado porque componentes cerebrais dos lagartos, que surgiram no período carbonífero, também são encontrados no cérebro humano. A esta parte do cérebro se relacionam a

---

[73] - Francisco C. XAVIER. *Libertação*.

preservação da vida, as atividades que podem ser desenvolvidas mecanicamente, ou seja, rotina, repetição, imitação.

A segunda parte é o sistema límbico, responsável pelas emoções, pelos sentimentos. Entre o cérebro reptiliano e o cérebro límbico há uma distância monumental – o primeiro teria 350 milhões de anos e o outro apenas 10 milhões de anos.

A terceira parte do cérebro é o neocórtex cerebral, chamado de massa cinzenta. De acordo com o Dr. Mussak, é aí que o pensamento funciona. O neocórtex tem, talvez, uns 50.000 anos.

Sendo o mais antigo é natural que o cérebro reptiliano comande muitas das atitudes humanas, pois é a região dos instintos. A maioria das pessoas, conforme o entrevistado, é controlada por essa parte do cérebro. São aqueles que, embora diferentes graus de intelectualidade, se restringem à realização de tarefas mecânicas, sem aprofundamento das questões existenciais. Tais pessoas agem e pensam sob o comando do hipotálamo.

Há também grande número de indivíduos que se deixam dominar pelo límbico, pela emoção. Porque o sistema límbico do cérebro as direciona para o prazer, na mesma intensidade em que as afasta do desprazer.

São aquelas criaturas que vivem sob o domínio das emoções. Se têm um rompimento de relacionamento com alguém, não conseguem fazer mais nada, não conseguem trabalhar, deixam de comer, não se controlam, pois estão submetidas ao sistema límbico. Muitos se tornam desequilibrados emocionais.

Por fim, o neocórtex, que é aquele que "sabe" das coisas. Do ponto de vista da evolução, o pensamento é a última das funções cerebrais que apareceu, por isso é que nós ainda não o dominamos muito bem.

O neocórtex comanda as funções mais sofisticadas do cérebro. Três características sobressaem, também: a capacidade de compreender, a capacidade de aprender e a capacidade de se adaptar.

Compreender o que se passa ao nosso redor é básico. É a percepção do mundo, das coisas à nossa volta; daí advém o aprender, pois funcionam associados. A capacidade de se adaptar, porém, é a mais importante. Darwin, ao explicar a evolução das espécies, ressaltou que vence o mais adaptável, não o mais forte; sobrevive o que resiste às mudanças ambientais e aos desafios que o cercam. Os que não se adaptaram se extinguiram.

Isso ocorre em nosso cotidiano. Indústrias, empresas que não se adaptaram à vida moderna desapareceram. Nosso cérebro está, continuamente, se adaptando às vertiginosas mudanças dos tempos atuais.

O ideal é conseguir certo equilíbrio entre o hipotálamo, o sistema límbico e o neocórtex cerebral.[74]

---

[74] - Eugênio MUSSAK. *Revista VOCÊ*.

Frequência das ondas cerebrais

Em 1929, o Dr. Hans Berger, psiquiatra austríaco, ao colocar um eletrodo na cabeça de um paciente, descobriu que o cérebro emite ondas elétricas ou impulsos eletromagnéticos. Nascia, então, a encefalografia que hoje, bastante aperfeiçoada, tem larga aplicação na medicina, através de aparelhos denominados eletroencefalógrafos, cujo registro é o eletroencefalograma.

É importante assinalar que a atividade do cérebro não cessa. Mesmo quando estamos dormindo, sempre haverá energia fluindo do cérebro, estabelecendo conexão com o mundo exterior, e que corresponde ao estado em que nos encontramos. Estes sinais elétricos emitidos pelo cérebro se propagam em ondas que têm determinada frequência, cuja unidade de medida é o *hertz (hz)*. Assim, 1Hz corresponde a uma oscilação completa de uma onda por segundo.

As frequências das ondas cerebrais foram classificadas de *beta, alfa, teta* e *delta*. Cada onda cerebral corresponde a um determinado nível mental e atividade do corpo.

BETA – Essa é a frequência habitual da maioria das pessoas. Neste momento você está sentindo o mundo físico usando os cinco sentidos. Este é o nível da consciência exterior. Você realiza uma atividade qualquer, e ao mesmo tempo percebe os ruídos e movimentos ao seu redor, sente calor ou frio, sente os odores do ambiente, pode estar conversando e consertando um aparelho, tudo isso ao mesmo tempo.

O cérebro funciona a maior parte do tempo em beta, que é um ritmo mais acelerado, entre 14Hz e 21Hz. Além de ser a frequência mais rápida é, também, a mais instável e sujeita a alterações emocionais. É o ritmo do dia a dia, mas é, igualmente, das tensões e preocupações. Quando a frequência ultrapassa 25Hz (o máximo da frequência das ondas cerebrais é 35Hz), as ondas são chamadas de betas-altas e, neste caso, corresponde a crises de ansiedade e agressividade.

ALFA – O cérebro, nessa frequência, oscila entre 8 e 13Hz por segundo. A mente é mais criativa quando nessa dimensão.

A pessoa que está em alfa tem mais concentração, mais capacidade de resolver problemas, imaginação, memória, intuição, tranquilidade. É a frequência dos processos de cura, quando todo o organismo vai se reequilibrando.

É, também, a frequência mais habitual dos estados de transe mediúnico.

TETA – Essa frequência cerebral oscila entre 4 e 7Hz. Nesse nível há uma insensibilidade à dor. Os orientais alcançam o estado teta por meio de exercícios e disciplinas destinados a baixar o ritmo cerebral e assim conseguem, por exemplo, a levitação, andar sobre brasas etc. Também é nessa frequência que se consegue a regressão de memória. Cientistas, inventores têm *insights* quando em estado teta, pois isso facilita as suas intuições mais criativas.

O transe mediúnico mais profundo pode chegar a essa frequência.

DELTA – Nessa frequência o cérebro funciona abaixo de 4 ciclos por segundo. É a frequência do estado de coma, da catalepsia, de estados patológicos muito graves.

Pouco se sabe a respeito desse nível.

Observação: As informações relacionadas com as ondas cerebrais foram extraídas e associadas de duas obras diferentes, que estão assinaladas nas notas de rodapé pelos números[75] e [76]. A parte relacionada com a mediunidade foi acrescentada por mim.

---

[75] - Lair RIBEIRO. *Inteligência aplicada*.
[76] - Núbia F. MACIEL; Martins TERRA. *Relaxe e viva feliz*.

09 - O enigma da consciência

"A consciência de si mesmo é o que constitui o principal atributo do Espírito."

Allan Kardec (*O Livro dos Espíritos*, q. 600)

Quando, à pergunta de Allan Kardec: "Onde está escrita a lei de Deus?", os Espíritos Superiores responderam: Na consciência, ficou registrada a importância suprema da consciência.[77]

Considerada hoje pela ciência como o maior enigma a ser desvendado em relação ao ser humano, a complexidade da consciência tem desafiado os neurocientistas, os físicos da consciência, os psicólogos, os neurofisiologistas, os filósofos, enfim, todos os que estão empenhados em decifrá-la.

Alguns desses pesquisadores têm declarado ser, praticamente, impossível entender e explicar esse misterioso universo que é a consciência humana. Outros fazem tentativas de explicá-la através, unicamente, dos mecanismos cerebrais, embora acabem por deixar escapar que em um ou outro aspecto do funcionamento da consciência não encontram explicações satisfatórias.

A própria compreensão acerca de outra questão bastante complexa, a mente, tem apresentado facetas inexplicáveis que levam os cientistas a reformulações de suas conclusões, o que termina sendo uma constante busca de respostas.

---

[77] - Allan KARDEC. *O livro dos espíritos*.

O neurofisiologista William H. Calvin comenta essa dificuldade de explicar a consciência de maneira muito interessante:

> Os escritores mais experientes que escrevem sobre a inteligência, tais como os pesquisadores do QI, mantêm-se afastados da tal palavra que começa com a letra C. Muitos dos meus colegas neurocientistas também evitam essa questão (alguns físicos, infelizmente, sentem-se muito felizes em preencher o vácuo com erros de principiante). Alguns clínicos involuntariamente banalizam a consciência, redefinindo-a como mera capacidade de estar alerta (embora falar do cérebro como o lugar da consciência seja o mesmo que confundir o interruptor de luz com a luz em si!). Ou redefinimos a consciência como simples estado de alerta, ou como o 'holofote' da atenção seletiva.[78]

Vale citar, também, a contribuição do célebre neurologista António Damásio, chefe do Departamento de Neurologia da Faculdade de Medicina da Universidade de Iowa, em seu livro *O Mistério da Consciência*. Logo na introdução ele diz:

> Nenhum aspecto da mente humana é fácil de investigar e, para quem deseja compreender os alicerces biológicos da mente, a consciência é unanimemente considerada o problema supremo, ainda que a definição desse problema possa variar notavelmente entre os estudiosos. Se elucidar a mente é a última fronteira das ciências da vida, a consciência muitas vezes se afigura como o mistério final na elucidação da mente. Há quem o considere insolúvel. (...) O que poderia ser mais difícil de

---

[78] - William H. CALVIN. *Como o cérebro pensa*.

conhecer do que conhecer o modo como conhecemos? O que poderia ser mais deslumbrante do que perceber que é o fato de termos consciência que torna possíveis e mesmo inevitáveis nossas questões sobre a consciência? Embora eu não veja a consciência como o ápice da evolução biológica, penso que é um momento decisivo na longa história da vida. Mesmo quando recorremos à simples e clássica definição de consciência encontrada nos dicionários – que a apresenta como a percepção que um organismo tem de si mesmo e do que o cerca –, é fácil imaginar como a consciência provavelmente abriu caminho, na evolução humana, para um novo gênero de criações, impossível sem ela: consciência moral, religião, organização social e política, artes, ciências e tecnologia. De um modo ainda mais imperioso, talvez a consciência seja a função biológica crítica que nos permite saber que estamos sentindo tristeza ou alegria, sofrimento ou prazer, vergonha ou orgulho, pesar por um amor que se foi ou por uma vida que se perdeu.

A teoria apresentada pelo ilustre Dr. Damásio é extraordinária, sob o ponto de vista das funções orgânicas. E o seu livro acima citado recebeu o Primeiro Prêmio de Livro Científico 2000 – Science et Vie; foi considerado o melhor livro de 1999 pelo *Library Journal* e integrou a lista dos dez melhores livros da *New York Time Book Review*.

Para fazermos uma comparação mais abrangente da notável contribuição do Espiritismo acerca do assunto aqui enfocado, apresentaremos algumas considerações pinçadas da obra de Dr. Damásio, visto que ele explica, em suas 456 páginas, o que é a consciência e seu funcionamento com base nas estruturas cerebrais e sua conexão com todo o organismo.

Como vimos, o autor esclarece que, para ele, a consciência é uma função biológica crítica que nos permite saber que estamos sentindo tristeza ou alegria, sofrimento ou prazer, vergonha ou orgulho, pesar por um amor que se foi ou por uma vida que se perdeu.

Ele separa a consciência em tipos complexos e simples.

O tipo mais simples ele denomina *consciência central*, e fornece ao organismo um sentido do self concernente a um momento – agora – e a um lugar – aqui. O campo de ação da consciência central é o aqui e o agora.

O tipo complexo, ele denomina consciência ampliada. Possui muitos níveis e graus e fornece ao organismo um complexo sentido de *self* – uma identidade e uma pessoa, você ou eu – e situa essa pessoa em um ponto do tempo histórico individual, ricamente ciente do passado vivido e do futuro antevisto, e profundamente conhecedora do mundo além desse ponto.

Portanto, "... a consciência central é um fenômeno biológico simples e a consciência ampliada é um fenômeno biológico complexo."

Assim, as raízes profundas do self, incluindo o self complexo, que abrange a identidade e a individualidade, encontram-se no conjunto de mecanismos cerebrais que de modo contínuo e inconsciente mantêm o estado corporal dentro dos limites estreitos e na relativa estabilidade requeridos para a sobrevivência.

Menciona que:

... a forma mais simples na qual o conhecimento sem palavras emerge mentalmente é o sentimento de conhecer – o sentimento do que acontece quando o organismo está empenhado em processar um objeto – e que só posteriormente inferências e interpretações ligadas ao sentimento de conhecer podem ocorrer.

Curiosamente, diz António Damásio, "... a consciência começa como sentimento do que acontece quando vemos, ouvimos ou tocamos."[79]

Vê-se, pois, que para o autor, a consciência é o conhecimento de que existe, é saber que existe e daí deflui tudo o mais; impulsos, emoções, sentimentos, senso moral, todas as reações, enfim, só são percebidas por intermédio da consciência.

Ele reconhece e enfatiza que este é um processo extremamente complexo, explicando com detalhes a sua visão a respeito de como a consciência possibilita conhecer o que conhecemos, colocando, inclusive, casos de lesões cerebrais que afetam e bloqueiam o seu funcionamento em parte ou totalmente.

É interessante assinalar que notícias relativas ao tema que estamos enfocando, veiculadas, oportunamente, no canal Discovery, informam que, para a ciência, atualmente, a consciência é resultado de um conjunto de sinais elétricos emitidos pelas células do nosso corpo e que estas estão em constante comunicação entre si. Então, a consciência não estaria propriamente localizada no cérebro, mas sim, resultaria de uma interação entre todas as células e sua conexão com o cérebro.

---

[79] - António DAMÁSIO. *O mistério da consciência.*

A notícia acima nos dá conta de que a consciência é um fenômeno fisiológico e assim pensam, também, William Calvin e António Damásio. Os dois renomados pesquisadores, todavia, afirmam, a certa altura de suas obras, que existem situações que ainda não conseguiram esclarecer com base nas reações orgânicas.

Entretanto, para os espiritualistas em geral e especificamente para os espíritas, tais obras não são completas, pois estão apenas adstritas ao âmbito do organismo físico, tudo é explicado pelas reações do corpo carnal, do funcionamento do cérebro que, com seus equipamentos, cria a mente e a consciência, e os demais atributos intelectuais e morais do ser humano. Falta o Espírito, que por certo é o "mistério" final da consciência e da mente.

Paul Davies, autor de *Deus e a Nova Física*, pensa de maneira diferente e assim argumenta a respeito:

> Já não podemos entender a mente referindo-nos a células nervosas, do mesmo modo que não podemos compreender células por simples referência aos seus componentes atômicos. Seria fútil buscar a inteligência ou a consciência no meio das células cerebrais individuais – o conceito não tem sentido neste nível. É claro, pois, que a propriedade da autoconsciência é totalizante, e não pode atribuir-se a mecanismos eletroquímicos específicos do cérebro. Apesar de algumas ideias parecerem assustadoras, elas aumentam a esperança de que se possa atribuir sentido científico à imortalidade, porque realçam que o componente essencial da mente é a informação. É o padrão interior do cérebro, e não o próprio cérebro, que nos torna o que somos. Assim como a Quinta Sinfonia

de Beethoven não deixa de existir quando a orquestra acaba de tocar, assim também a mente pode suportar a transferência de informação para outro lado.

Por sua vez, Jung admite que:

> Quando indagamos qual poderá ser a natureza da consciência, o fato que mais nos impressiona – maravilha das maravilhas – é o de que um acontecimento que se produz no cosmos cria simultaneamente uma imagem em nós ou, de algum modo, se desenrola paralelamente, tornando-se, assim, consciente. (...)
> Nossa consciência não se cria a si mesma, mas emana de profundezas desconhecidas. Na infância desperta gradualmente e, ao longo da vida, desperta cada manhã, saindo das profundezas do sono, de um estado de inconsciência. É como uma criança nascendo diariamente do seio materno.[80]

É oportuno ampliarmos, daqui por diante, o horizonte do significado de consciência com autores que têm uma visão espiritualizada.

Vejamos o que diz Sri Aurobindo:

> O homem ocupa a crista da onda evolutiva. Com ele, ocorre a passagem de uma evolução inconsciente para uma evolução consciente. (...) A evolução da consciência é o motivo central da existência terrena. (...) A mudança de consciência é o principal fato da próxima transformação evolutiva.[81]

---

[80] - Carl G. JUNG. *Memórias, sonhos e reflexões.*
[81] - Roger N. WALSH; Frances VAUGHAN, (org.) *Além do ego* – Sri Aurobindo citado por Duane Elgin.

Também merecem ser registradas as belas considerações do Lama Anagarika Govinda:

> Assim como no pensamento matemático cada dimensão necessariamente exige uma outra dimensão, superior à primeira, até chegarmos à conclusão inevitável de que deve haver uma série infinita de dimensões – assim também cada nova expansão de nosso horizonte espiritual sugere novas e insuspeitadas dimensões da consciência.
> (...)
> A mente humana não pode se deter em nenhum ponto de seu caminho na direção do conhecimento. Imobilidade significa morte, rigidez e decadência. Essa a lei de toda vida e de toda consciência. É a lei do Espírito, da qual a vida e a consciência fluem.[82]

Relacionamos, a seguir, as elucidações espíritas.

Importante esclarecimento é ministrado pelos Espíritos Superiores em resposta à pergunta 600 de *O Livro dos Espíritos*, quando afirmam que "... a consciência de si mesmo é o que constitui o atributo principal do Espírito."

Referindo-se à consciência e à superconsciência, o médico psiquiatra espírita Dr. Jorge Andréa dos Santos, assim explica as funções de cada uma:

> A consciência é campo comum de avaliações para o qual convergem todas as atividades rotineiras e habituais do psiquismo; através da percepção consciente, qualquer fenômeno é analisado e decifrado; a ação é intelectiva

---
[82] - Anagarika GOVINDA (Lama). *O mais elevado estado da consciência*. Org. John WHITE.

e limita-se a entender a forma e composição do objeto. No campo da superconsciência teríamos condições de percepção em grau mais abrangente e profundo do que a consciência. A superconsciência sintetiza o fenômeno sem prender-se a detalhes; a ação é de natureza intuitiva; procura entender a essência do fenômeno, sua finalidade.[83]

O alvorecer da consciência é assinalado por Joanna de Ângelis:

> Remontando-se à origem da vida nos seus mais remotos passos, encontra-se a presença do psiquismo originado em Deus, aglutinando moléculas e estabelecendo a ordem que se consubstanciou na realidade do ser pensante.
> Etapa a etapa, através dos vários reinos, essa consciência embrionária desdobrou os germes da lucidez latente até ganhar o discernimento vasto, plenificador.[84]

Em outro momento, a nobre Instrutora Espiritual aborda a questão do inconsciente na visão de dois grandes vultos, Freud e Jung, colocando em seguida a elucidação espírita que julgamos oportuno mencionar:

> As impressões armazenadas em camadas abaixo da consciência, constituem a área que Freud denominou como inconsciente, enquanto que Jung passou a nomeá-lo como inconsciente individual, com a finalidade de diferenciá-lo daquele que chamaria de coletivo.

---

[83] - Jorge A. dos SANTOS. *Psicologia espírita*.
[84] - Divaldo P. FRANCO. *Autodescobrimento*: uma busca interior.

Ela esclarece que o inconsciente individual tem a função de registrar e armazenar certas situações e informações que não foram percebidas em nível consciente. Assim, podem ser arquivados, incessantemente, os estímulos de natureza visual, olfativa, auditiva, em uma espécie de "banco de dados" do qual não temos consciência. Esse inconsciente coletivo, prossegue explicando a Benfeitora,

> ... se encarregaria de guardar todos os dados que podem ser acessados a qualquer momento por todas e quaisquer pessoas, superando as dimensões de tempo e de espaço, acumulados desde os primórdios do conhecimento do ser no seu processo evolutivo, abrangendo a fase primária e prosseguindo até o momento cultural que se vive.

Embora reconhecendo essa tese de Jung como de grande valor, Joanna de Ângelis acrescenta, em seguida, a visão espírita acerca do inconsciente coletivo, que:

> ... corresponde às experiências vivenciadas por cada indivíduo no processo da evolução, passando pelas etapas reencarnacionistas, nas quais transitou nas diversas fases do desenvolvimento antropossociopsicológico de si mesmo. (...)
> A conquista da consciência é, desse modo, um parto muito dorido do inconsciente, que continua detendo expressiva parte dos conteúdos psíquicos que o ego necessita e deve assimilar. Nesse momento em que se torna consciente do portentoso repositório e que passa a expressar-se por seu intermédio, é que a consciência se manifesta.[85]

---

[85] - Divaldo P. FRANCO, *Triunfo pessoal*.

É imprescindível, também, mencionar André Luiz que, com muita propriedade, leciona acerca do despertar da consciência e da aquisição da responsabilidade da seguinte forma:

> Incorporando a responsabilidade, a consciência vibra desperta e, pela consciência desperta, os princípios de ação e reação funcionam, exatos, dentro do próprio ser, assegurando-lhe a liberdade de escolher e impondo-lhe, mecanicamente, os resultados respectivos, tanto na esfera física quanto no Mundo Espiritual. (...)
> À medida que a responsabilidade se lhe apossou do Espírito, iluminou-se a consciência do homem. (...)
> Percebe, nesse despertamento, que, além das operações vulgares da nutrição e da reprodução, da vigília e do repouso, estímulos interiores, inelutáveis, trabalham-lhe o âmago do ser, plasmando-lhe o caráter e o senso moral, em que a intuição se amplia segundo as aquisições de conhecimento e em que a afetividade se converte em amor, com capacidade de sacrifício, atingindo a renúncia completa.[86]

Na palavra do Instrutor Espiritual Gúbio, André Luiz assinala em outra obra de sua autoria:

> Nada se perde, André, no círculo de nossas ações, palavras e pensamentos. O registo de nossa vida opera-se em duas fases distintas, perseverando no exterior, através dos efeitos de nossa atuação em criaturas, situações e coisas, e persistindo em nós mesmos, nos arquivos da

---
[86] - Francisco C. XAVIER. *Evolução em dois mundos.*

própria consciência, que recolhe matematicamente todos os resultados de nosso esforço, no bem ou no mal, ao interior dela própria. O Espírito, em qualquer parte, move-se no centro das criações que desenvolveu.[87]

Por isso Joanna de Ângelis enfatiza: "Adquirir a consciência plena da finalidade da existência na Terra constitui a meta máxima da luta inteligente do ser."[88]

A consciência, portanto, à luz do Espiritismo, é bem mais do que apenas possibilitar ao ser humano o saber que existe e todo o vasto repertório de emoções, percepções, aquisições e sentimentos, mas, especialmente, o fulcro onde brilha a Lei Divina, o "selo" augusto que o Criador "imprime" no momento da criação do Espírito, que lhe dá juntamente com o livre-arbítrio e a consciência de si, todos os demais atributos que lhe são inerentes. É exatamente por trazer ínsita na consciência a Lei Divina que o Espírito tem em si o senso moral e a perfectibilidade. Todos somos perfectíveis. Isso quer dizer que mais cedo ou mais tarde chegaremos à perfeição.

Mente e consciência, em seus aspectos mais profundos, são ainda territórios desconhecidos, que o ser humano só desvendará quando alcançar patamares superiores em sua evolução espiritual.

---

[87] - Francisco C. XAVIER, *Libertação*.
[88] - Divaldo P. FRANCO. *Autodescobrimento:* uma busca interior.

10 - A memória

> "De existência em existência, nossa memória gradativamente converte-se em visão imperecível, a serviço de nosso Espírito imortal."
>
> André Luiz (*Nosso Lar*)

A memória é um dos mais fantásticos potenciais do ser humano. Ela nos permite interligar o passado ao presente e ao futuro. O Espírito não teria a sua história pessoal, com toda a sua bagagem pretérita, se tudo se perdesse no mar do esquecimento.

A memória se nos afigura ainda mais notável quando nos conscientizamos, de acordo com a Doutrina Espírita, de que ela retém nos seus arquivos a trajetória do Espírito, desde a sua criação e a sua primeira experiência no carreiro evolutivo até os dias atuais.

A memória preserva a identidade do Espírito, e está associada à consciência. Assim, a nossa memória e a nossa consciência mantêm a nossa identidade, o nosso eu.

A inteligência se amplia a partir das experiências que acumulamos e que nos permitem prosseguir, a cada nova existência, não do ponto inicial da nossa caminhada de Espírito imortal, mas sim em decorrência de conteúdos que adquirimos, que ficam sedimentados em nossa consciência profunda – esse o domínio do inconsciente.

Assinala Léon Denis, para nosso esclarecimento:

> Os dois fatores que constituem a permanência e mantêm a identidade, a personalidade do 'eu', são a memória e a consciência. As reminiscências, as intuições e as aptidões determinam a sensação de haver vivido. Existe na inteligência uma continuidade, uma sucessão de causas e efeitos que é preciso reconstituir na sua totalidade para possuir o conhecimento integral do 'eu'. (...)
> A nossa memória e a nossa consciência atravessam alternadamente períodos de eclipse ou de esplendor, de sombra ou de luz, no estado celeste ou terrestre, e até, neste último plano, durante a vigília ou durante os diferentes estados do sono.[89] (...)

Denis também afirma que "... a memória não é mais do que uma modalidade da consciência."

A ciência moderna, com todo o seu progresso, em pleno século XXI não sabe ainda explicar como é possível ao cérebro físico estocar a memória, com seus conteúdos abstratos. A memória é construída a partir de registros das experiências humanas. Nada se perde. A trajetória evolutiva do Espírito, as experiências multimilenares, as quedas e fracassos assim também as conquistas, os acertos, as intenções, os sentimentos, os nossos mais secretos pensamentos e ações, tudo está registrado no notável arquivo denominado memória.

Interessante observar que existem fatores externos que podem provocar reminiscências espontâneas, assim por exemplo, experiências afetivas, sentimentos, emoções, traumas podem vir ao nível da consciência, desencadeados por uma música, um perfume, uma paisagem, uma palavra, um filme, ligados a certas ocorrências que vivenciamos; isso sem falar no âmbito

---

[89] - Léon DENIS. *O problema do ser, do destino e da dor.*

do conhecimento, na extraordinária propriedade de acumular aprendizado, os mais complicados e abrangentes e tê-los ao nosso dispor nos momentos necessários.

Se pensarmos um pouco a respeito do que são as nossas lembranças e de como as revivemos, trazendo-as do banco de dados que está à nossa disposição, ficaremos, realmente, perplexos ante esse potencial, e iremos constatar a sua importância em nossa vida. Relembrar, portanto, é acessar os nossos arquivos mentais, trazendo de nossa memória profunda os dados e informações que desejamos.

Zalmino Zimmermann, em sua excelente obra *Perispírito*, no capítulo referente a "Perispírito e Memória", registra vários itens que os cientistas estabeleceram acerca da memória. Entre estes, transcrevemos:

> ... – diversos são os tipos de memória, variando as classificações de acordo com os respectivos critérios adotados; assim, tendo-se como referência a duração, as memórias podem ser muito curtas (de poucos segundos), intermediárias (de segundos a horas) e de longo termo (de horas a toda a vida); com relação ao processo em si, a memória pode ser designada como sendo de fixação ou de evocação; de acordo com o tempo de recuperação, distingue-se a memória imediata, da retardada; considerando-se as estruturas físicas e as funções psíquicas envolvidas é possível catalogar, no âmbito da chamada memória sensível, a visual, a auditiva e a motora, podendo-se relacionar, nessa linha, também as chamadas memórias intelectual e afetiva; outros critérios permitem distinguir, ainda, a memória sensorial-motora, que diz com a sensação e o movimento, a autista, que alimenta, às vezes, o sonho e, nos transtornos mentais, o delírio, e a social, superior, que se caracteriza pela narração lógica.[90]

---

[90] - Zalmiro ZIMMERMANN. *Perispírito*.

As recordações vêm ao nosso consciente de maneira ordenada – isso também é algo notável –, pois se fosse ao contrário, se viessem embaralhadas, misturadas e confusas a nossa mente seria um verdadeiro caos.

A memória permite realizar associações mentais que nos possibilitam realizar comparações, interligar fatos, tirar conclusões e lições de experiências já vivenciadas e, também, somos capazes de fazer um "balanço" mental de nossa vida, graças aos conteúdos mnemônicos que acumulamos através dos tempos.

Fayga Ostrower, artista plástica de renome internacional, sintetiza o que acabamos de mencionar dizendo:

> Supõe-se que os processos de memória se baseiam na ativação de certos contextos e não em fatos isolados, embora os fatos possam ser lembrados. É o caso de conteúdos de ordem afetiva e de estados de ânimo, alegria, tristeza, medo, que caracterizam determinadas situações de vida do indivíduo. De um ponto de vista operacional, à memória corresponderia uma retenção de dados já interligados em conteúdos vivenciais. Assim, circunstâncias novas e por vezes dissimilares poderiam reavivar um conteúdo anterior, se existirem fatores em relacionamentos análogos ao da situação original. Nota-se uma seletividade que organiza os processos em que a própria memória se vai estruturando. À semelhança do que sucede no sensório, onde a percepção ordena certos dados que chegam a ser percebidos por nós, a memória também ordena as vivências do passado.[91]

---

[91] - Fayga OSTROWER. *Criatividade e processos de criação.*

Referindo-se ao desenvolvimento do pensamento contínuo no ser humano primitivo e à capacidade de elaborar ideias, André Luiz afirma que: "O continuísmo da ideia consciente acende a luz da memória sob o pedestal do automatismo."[92]

O consagrado escritor Hermínio Miranda aborda esse fascinante tema em sua obra *A Memória e o Tempo* e, em certo trecho, assim se expressa:

> Nossos arquivos mentais são inconcebivelmente mais vastos do que suspeitávamos, porque há neles um dossiê completo para cada existência na carne ou, se preferem a terminologia moderna, um 'cassete' ou 'video-tape' para cada uma de nossas vidas. Ali estão perfeitamente arrumados, classificados e à disposição do ser humano, todas as suas vivências, do suspiro ou sorriso até às agonias da mais terrível tragédia. Essas lembranças ficam preservadas como que em camadas estratificadas, ordenadas, na sequência certa, na classificação adequada à eventual consulta, como uma fita ou disco de memória de computador. A fita da vida atual é de acesso mais rápido, fácil e de resposta praticamente instantânea.

Vejamos agora, sob a ótica espiritual, como a memória é explicada a André Luiz e a seu companheiro Hilário, pelo Instrutor Espiritual Clarêncio, quando este estava atendendo à determinada entidade sofredora, a qual teria necessidade de regredir no tempo para que fossem informados da causa que dera origem às suas perturbações. Clarêncio, logo após a

---

[92] - Francisco C. XAVIER. *Evolução em dois mundos.*

oração, começou a aplicar passes magnéticos no campo cerebral do paciente, esclarecendo que havia necessidade de tirá-lo da sombra anestesiante da amnésia.

Esclarecendo o processo em curso, o Instrutor diz:

> ... a memória pode ser comparada a placa sensível que, ao influxo da luz, guarda para sempre as imagens recolhidas pelo Espírito, no curso de seus inumeráveis aprendizados, dentro da vida. Cada existência de nossa alma, em determinada expressão da forma, é uma adição de experiência, conservada em prodigioso arquivo de imagens que, em se superpondo umas às outras, jamais se confundem. Em obras de assistência, qual a que desejamos movimentar, é preciso recorrer aos arquivos mentais, de modo a produzir certos tipos de vibração, não só para atrair a presença de companheiros ligados ao irmão sofredor que nos propomos socorrer, como também para descerrar os escaninhos da mente, nas fibras recônditas em que ela detém as suas aflições e feridas invisíveis.[93]

Aduzindo outras considerações, prosseguiu o Ministro da colônia espiritual "Nosso Lar", Clarêncio, lançando um olhar ao futuro:

> A mente, tanto quanto o corpo físico, pode e deve sofrer intervenções para reequilibrar-se. Mais tarde, a ciência humana evolverá em 'cirurgia psíquica', tanto quanto hoje vai avançando em técnica operatória, com vistas às necessidades do veículo de matéria carnal. No grande

---

[93] - Francisco C. XAVIER. *Entre a terra e o céu.*

futuro, o médico terrestre desentranhará um labirinto mental, com a mesma facilidade com que atualmente extrai um apêndice condenado.

Esquecimento do passado

Em se tratando da memória, existe outra situação muito importante que devemos ressaltar – a capacidade de esquecer. Esquecemos as coisas onde não devíamos, não lembramos dos nomes ou fisionomias de pessoas, não vamos a esse ou àquele compromisso porque esquecemos de avisar que não poderíamos comparecer, esquecemos datas de aniversários, lugares, fatos, promessas, compromissos, recados, chaves, pacotes, documentos, enfim, é fantástica a nossa capacidade de esquecer. Para evitar os transtornos daí decorrentes temos agendas, lembretes na porta da geladeira, ao lado do telefone, no espelho do quarto, bilhetes espalhados pela casa, papelzinho preso no anel, mas acabamos esquecendo alguma coisa aqui e ali.

Todavia, podemos treinar a nossa memória e aprender a ler e a decorar a tabuada desde a infância, a memorizar tudo o que vamos aprendendo até chegar ao mestrado e ao doutorado nessa ou naquela especialidade, ou projetar um prédio, uma casa, fabricar fibras óticas, um computador e elaborar programas ou, mais simplesmente, lembrarmos onde fica uma rua, de uma melodia com letra e música, de um poema, de como se faz um móvel, uma roupa, de uma receita de bolo ou de como se faz um café.

Entretanto, há um esquecimento providencial nas Leis Divinas, o esquecimento do passado, de nossas reencarnações pretéritas. Allan Kardec aborda este assunto em *O Livro dos Espíritos*, da questão 392 até a 399. Em comentário à resposta da pergunta 394, o Codificador afirma:

> Gravíssimos inconvenientes teriam o nos lembrarmos das nossas individualidades anteriores. Em certos casos, humilhar-nos-ia sobremaneira. Em outros, nos exaltaria o orgulho, peando-nos, em consequência, o livre-arbítrio. Para nos melhorarmos, dá-nos Deus exatamente o que nos é necessário e basta: a voz da consciência e os pendores instintivos. Priva-nos do que nos prejudicaria. Acrescentemos que, se nos recordássemos dos nossos precedentes atos pessoais, igualmente nos recordaríamos dos outros homens, do que resultariam talvez os mais desastrosos efeitos para as relações sociais. Nem sempre podendo honrar-nos do nosso passado, melhor é que sobre ele um véu seja lançado.

As elucidações espíritas acerca do esquecimento do passado são de uma lógica irretorquível.

Para entendermos bem a necessidade de esquecer o que vivemos em reencarnações precedentes, basta pensarmos que, na atual reencarnação, ao chegarmos à idade adulta, com mais amadurecimento, nem sempre nos é agradável relembrar atitudes que tomamos quando mais jovens ou mesmo há pouco tempo. Fazemos coisas de que, às vezes, nos arrependemos. Assim, procuramos esquecer, evitar lembranças daquela época, daqueles momentos que agora consideramos desastrosos.

Muitas pessoas, diante de ocorrências terríveis nessa mesma vida, dizem: "quero esquecer tudo isso", "nunca mais quero me lembrar disto". É uma forma de evitar sofrer de novo com a reminiscência, de evitar a angústia ou a revolta, a dor moral, o remorso que assomam em nós à menor lembrança do acontecimento infeliz.

Todavia, grande número de pessoas, que não se aprofundou no assunto, alega que se tivemos outras vidas deveríamos ter a recordação de todas elas.

Observemos, porém, o que nos ensina André Luiz, pela palavra do Instrutor Espiritual Druso, quando desse se aproxima um Espírito com aparência jovem e interroga-o quanto ao esquecimento do passado, alegando que não consegue entender os enigmas da memória. Argumenta que gostaria de lembrar de suas existências anteriores, para reparar os erros, assim também para saber a respeito de afeições queridas ligadas ao seu passado.

Vejamos a resposta do Benfeitor Espiritual:

> Bem, – ponderou o interpelado, sabiamente –, os Espíritos que na vida física atendem aos seus deveres com exatidão, retomam pacificamente os domínios da memória, tão logo se desenfaixam do corpo denso, reentrando em comunhão com os laços nobres e dignos que os aguardam na Vida Superior, para a continuidade do serviço de aperfeiçoamento e sublimação que lhes diz respeito; contudo, para nós, consciências intranquilas, a morte no veículo carnal não exprime libertação. Perdemos o carro fisiológico, mas prosseguimos atados ao

pelourinho invisível de nossas culpas; e a culpa, meu amigo, é sempre uma nesga de sombra eclipsando-nos a visão. Nossas faculdades mnemônicas, ante as nossas quedas morais, assemelham-se, de certo modo, às películas sensíveis do serviço fotográfico que se inutilizam, sempre que mantidas em posição imprópria, através da qual se fazem vítimas de lamentáveis perturbações.[94]

O esquecimento, entretanto, pode-se apresentar de forma patológica, a amnésia. Essa pode ser o resultado de uma situação psicológica traumática ou de algum tipo de lesão orgânica no cérebro, proveniente de contusão, tumor ou distúrbio mental de outra origem. Também pode ocorrer em certos casos graves de obsessão.

Em várias passagens da obra de André Luiz e Manoel Philomeno de Miranda, vamos encontrar relatos de intervenções na memória de Espíritos comprometidos ante as Leis Divinas, realizadas por Benfeitores da Vida Maior, com o intuito de resgatar as ocorrências pretéritas não resolvidas e proporcionar as soluções cabíveis em cada caso.

Modernamente, existem práticas terapêuticas que buscam as causas dos traumas e conflitos relacionados com vidas passadas, a TVP – Terapia de Vidas Passadas. É um recurso, porém, que deve ser tentado somente em casos extremos, por profissionais competentes e com formação nessa especialidade.

Em *O Livro dos Espíritos*, no seu comentário à questão 399, Kardec assevera:

---

[94] - Francisco C. XAVIER. *Ação e reação*.

Mergulhado na vida corpórea, perde o Espírito, momentaneamente, a lembrança de suas existências anteriores, como se um véu as cobrisse. Todavia, conserva algumas vezes vaga consciência dessas vidas, que, mesmo em certas circunstâncias, lhe podem ser reveladas. Esta revelação, porém, só os Espíritos superiores espontaneamente lha fazem, com um fim útil, nunca para satisfazer a vã curiosidade.

Compreende-se, porém, que se o ser humano alcançou essa conquista no campo da medicina alternativa, para minorar os dramas das criaturas, é que houve permissão divina para que isso fosse possível, pois tem em vista um objetivo útil, benéfico e positivo.

No âmbito das reminiscências, existe ainda uma ocorrência verdadeiramente extraordinária, conforme depoimento daqueles que passaram por tal experiência. Falamos de pessoas que estiveram à beira da morte, e que naquele momento de perigo extremo em que a sua vida esteve por um fio, como que viram desenrolar em seu cérebro, automaticamente, todos os fatos que marcaram a sua vida, como se a memória fosse uma fita de vídeo que estivesse sendo rebobinada rapidamente, permitindo-lhes um balanço das próprias experiências da atual reencarnação.

Observemos como Léon Denis se reporta a isso, ao mencionar que as recordações vêm em uma ordem de fatos nesse tipo de experiência:

> São as impressões de pessoas que, depois de acidentadas, puderam escapar à morte. Por exemplo, afogados salvos antes da asfixia completa e outros que sofreram

quedas graves. Muitos contam que, entre o momento em que caíram e aquele em que perderam os sentidos, todo o espetáculo de sua vida se lhe desenrolou no cérebro de maneira automática, em quadros sucessivos e retrógados, com rapidez vertiginosa, acompanhados do sentimento moral do bem e do mal, assim como da consciência das responsabilidades em que incorreram.[95]

Para finalizar, vejamos ainda o que diz Clarêncio, explanando acerca do esquecimento do passado, necessário para a própria evolução do Espírito:

> ... a memória perfeita é o derradeiro altar que instalamos, em definitivo, no templo de nossa alma, que no Planeta, ainda se encontra em fases iniciais de desenvolvimento. É por isso que nossas recordações são fragmentárias... Todavia, de existência em existência, de ascensão em ascensão, nossa memória gradativamente converte-se em visão imperecível, a serviço de nosso Espírito imortal.[96]

Prosseguindo, o Instrutor Espiritual explica:

> ... nosso Espírito assinala todos os passos da jornada que lhe é própria, arquivando em si mesmo todos os lances da vida, para formar com eles o mapa do destino, de acordo com os princípios de causa e efeito que nos governam a estrada, mas somente mais tarde, quando o amor e a sabedoria sublimarem a química dos nossos pensamentos, é que conquistaremos a soberana serenidade, capaz de abranger o pretérito em sua feição total.

---

[95] - Léon Denis. *O problema do ser, do destino e da dor.*
[96] - Francisco C. XAVIER. *Nosso lar.*

11 - Emoções e sentimentos

"E o ponto delicado do sentimento é o amor..."

Lázaro[97]

Choramos quando assistimos a um filme triste ou ouvimos uma música que nos lembra o passado; choramos com saudade de alguém que partiu ou quando uma decepção nos atinge. Lágrimas vêm aos nossos olhos quando vemos, na TV, determinadas cenas de violência contra crianças, contra pessoas, ou ainda quando ficamos enternecidos diante de um belo espetáculo da Natureza ou de alguma demonstração de amor no seu sentido mais elevado e puro. Uma criança sorrindo, cantando, nos preenche a alma de ternura; um gesto de carinho, um ato de bondade são estados emocionais suaves e reconfortantes. Sorrimos felizes, alegres, como também explode em nós uma gargalhada e podemos rir até a exaustão ante um fato engraçado e inesperado. Em certo momento, amamos. O amor floresce e a vida se torna bela e risonha.

Mas, não são poucos os que vivem irritados, mal-humorados, fazendo grosserias e tratando mal as pessoas com quem convivem; os que se dizem desgostosos com a vida e se entregam ao desalento, desistindo de viver e de prosseguir enfrentando os desafios da vida; enquanto outros se deixam invadir e dominar pelo ódio, pela ira, pela revolta, pela rebeldia, e

---
[97] - Allan KARDEC. *O evangelho segundo o espiritismo.*

quando são contrariados ou quando julgam perder o controle das situações da própria vida chegam ao ponto de perder, também, a capacidade de raciocinar, o que os leva a cometer crimes e atos de vingança, de crueldade. Alguns se arrependem, outros se mostram indiferentes ou mais cruéis.

Emoções! São tantas já vividas, como dizem os versos de Roberto Carlos.

Emocionar-se é próprio dos seres humanos e nos enriquece a vida de experiências infindáveis.

Entretanto, ser dominado pelas emoções não é saudável, além do alto nível de estresse que acarreta.

Há pessoas extremamente emocionais, não usam a razão e não procuram controlar seus impulsos e sentimentos e por isso vivem em um turbilhão confuso e desgastante.

Diariamente, os jornais e a TV transmitem notícias estarrecedoras, evidenciando um processo de deteriorização da ética, do respeito ao próximo, da educação, assim também a preocupante prevalência de emoções desenfreadas.

Mas, o que é a emoção? Informa o dicionário Aurélio: "Ato de mover moralmente. Abalo moral, comoção. Em psicologia, reação intensa e breve do organismo a uma situação inesperada, a qual se acompanha de um estado afetivo de conotação penosa ou agradável." [98]

---

[98] - Aurélio B. H. FERREIRA. *Novo dicionário da língua portuguesa.*

Primeiro a emoção depois a razão

Pesquisas recentes acerca da arquitetura do cérebro proporcionaram notável descoberta. Quem nos informa é Daniel Goleman.

Ele menciona as experiências de Joseph LeDoux, neurocientista do Centro de Ciência Neural da Universidade de Nova York, que foi o primeiro a descobrir o importante papel desempenhado pela amígdala cortical no cérebro emocional.

Mas, o que seria a amígdala?

A palavra vem do grego e significa "amêndoa", por ser um feixe em forma de amêndoa, de estruturas interligadas, situado acima do tronco cerebral, próximo à parte inferior do anel límbico. O ser humano tem duas amígdalas, uma de cada lado do cérebro, instaladas na parte lateral da cabeça.

A amígdala é especialista em questões emocionais e funciona como um depósito da memória emocional. As lágrimas, por exemplo, são provocadas pela amígdala cortical e têm a função de aliviar o sofrimento.

LeDoux descobriu que a amígdala é a nossa sentinela emocional.

A sua pesquisa mostra que:

> ... sinais sensoriais do olho ou do ouvido viajam no cérebro primeiro para o tálamo, e depois – por uma única sinapse – para a amígdala; um segundo sinal do tálamo é encaminhado para o neocórtex – o cérebro pensante. Essa ramificação permite que a amígdala comece a responder antes que o neocórtex o faça, pois ele elabora a

informação em vários níveis dos circuitos cerebrais, antes de percebê-la plenamente e por fim dar início a uma resposta, mais cuidadosamente talhada.[99]

Segundo esclarece Goleman, ainda em *Inteligência Emocional*, "... esses sentimentos que tomam a rota direta da amígdala estão entre os nossos mais primitivos e poderosos; esse circuito nos ajuda a entender o poder que a emoção tem de aniquilar a razão." (Int. Em. 58ª ed. Objetiva – Trad. Marcos Santarrita – 1995).

Depreende-se, portanto, que a reação emocional, na maioria dos casos, antecede o pensamento, a razão. É sob o império de emoções desgovernadas que as pessoas cometem atos de violência, tomam certas atitudes intempestivas, chegando a cometer crimes dos quais se arrependem quando caem na realidade e conseguem raciocinar acerca do que acabaram de fazer.

Por outro lado, existem pessoas que parecem destituídas de qualquer emoção. São frias, calculistas, impiedosas, distantes nas relações interpessoais, nada parece comovê-las, e os traços marcantes de sua personalidade denotam morbidez e reações doentias. São portadoras de distúrbios mentais graves, como os psicopatas, cuja conduta evidencia conteúdos psicóticos, podendo tornar-se perigosas para a sociedade, até mesmo praticar crimes hediondos.

Na esquizofrenia, o afeto fica embotado, e a pessoa torna-se incapaz de exteriorizar sentimentos de amor, de carinho e de empatia. É bom assinalar que embora pessoas tenham o mesmo tipo de distúrbio mental, podem ocorrer variações nas reações de cada enfermo, o que evidencia Espíritos em diferentes graus evolutivos.

---

[99] - Daniel GOLEMAN. *Inteligência emocional.*

Reações emocionais

As emoções, enquanto impulso para uma ação imediata, provocam reações específicas. Assim, cada tipo de emoção desencadeia reações fisiológicas próprias, colocando o corpo preparado para diferentes respostas. "Toda emoção é, ao mesmo tempo, sentimento e preparação motora. O medo é preparação para fuga, a cólera preparação para ataque. Alegria é prontidão para gargalhadas, pesar é prontidão para lágrimas."

A emoção é também orgânica. O coração, estômago e órgãos internos ficam perturbados na emoção e o estado orgânico se reflete em modificações corporais, como suor e palidez. É o que nos informam Robert Woodworth e Donald G. Marquis, autores do livro *Psicologias*.

As explicações a seguir, que resumimos, são de Daniel Goleman, que menciona o repertório emocional peculiar aos seres humanos.

Raiva – O sangue flui para as mãos, tornando mais fácil golpear o inimigo, sacar uma arma. Batimentos cardíacos aceleram-se e uma onda de adrenalina, entre outros hormônios, gera uma pulsação, energia, suficientemente, forte para uma ação vigorosa.

Medo – O sangue flui para as pernas, para facilitar a fuga. O rosto fica lívido. O corpo imobiliza-se por um breve momento, até que a pessoa considere a possibilidade de fugir, esconder ou agir.

Felicidade – Provoca uma das principais alterações biológicas. A atividade do centro cerebral é incrementada, o que inibe sentimentos negativos e favorece o aumento da energia existente e que predomina sobre os fatores que causam preocupação. Isso propicia sensação de tranquilidade, o que dá ao corpo total relaxamento, assim como disposição e entusiasmo para a execução de qualquer tarefa e seguir várias metas.

Amor – Os sentimentos de afeição e a satisfação sexual provocam estimulação parassimpática, que resulta em uma resposta de relaxamento em todo o corpo, resultando em um estado geral de calma e satisfação.

Surpresa – Proporciona, com o erguer das sobrancelhas, uma varredura visual mais ampla e também traz mais luz para a retina. Isso permite obter mais informação acerca de um fato inesperado e resolver como agir.

Repugnância – A expressão facial de repugnância é a mesma em todo o mundo e envia mensagem de que alguma coisa desagradou ao gosto ou ao olfato, de maneira real ou metaforicamente.

Tristeza – Acarreta perda de energia e de entusiasmo pelas atividades da vida, especialmente para diversões e prazeres. Uma das principais funções da tristeza é a de propiciar ajustamento a uma grande perda, como a morte de alguém ou uma grande decepção. Quando a tristeza se prolonga e se aprofunda torna-se depressão.[100]

---

[100] - Daniel GOLEMAN. *Inteligência emocional.*

Sentimentos

Os sentimentos expressam a capacidade que possui o ser humano de conhecer, de compreender, de sentir e compartir as emoções que o vitalizam nas suas diversas ocorrências existenciais.
Inseridos no sistema nervoso central respondem pela afetividade e pelo comportamento, nutridos por moléculas específicas que são produzidas pelos neurônios cerebrais, tipificando os diferentes biótipos humanos através das suas emoções.

São instruções da Mentora Espiritual Joanna de Ângelis, que leciona, magistralmente, a respeito do assunto no livro *Triunfo Pessoal*. Prosseguindo em suas explicações, afirma:

> Quando ainda se mesclam os instintos e os sentimentos, permanecendo os primeiros em predominância em a natureza humana, destacam-se o tormento egotista, a necessidade de dominação, os impulsos inerentes ao primarismo, o desbordar do ódio e da vingança, as expressões asselvajadas da ira e da cólera, do ciúme e da perseguição, a inveja, o ressentimento, que traduzem o grau em que se situa a criatura, ainda sem o comando da razão. E quando se tratam de pessoas portadoras de alto grau de raciocínio e conhecimento, que se comportam com essas características, são os instintos que as governam e não os sentimentos de elevação, que a razão estimula.[101]

---

[101] - Divaldo P. FRANCO. *Triunfo pessoal.*

Este trecho está perfeitamente de acordo com o que esclarece o Espírito Lázaro, em mensagem inserida em *O Evangelho Segundo o Espiritismo*, que a certa altura registra: "Em sua origem, o homem só tem instintos; quando mais avançado e corrompido, só tem sensações; quando instruído e depurado, tem sentimentos."[102]

Ele explica que os sentimentos são os instintos que se apresentam aprimorados, de acordo com o progresso realizado. Inferimos, portanto, que o ser humano, em sua jornada evolutiva, caminha do instinto para as sensações e destas para os sentimentos.

Amor

Em *O Evangelho Segundo o Espiritismo* encontramos uma das mais belas páginas a respeito dos sentimentos e, especificamente, acerca do amor, assinada pelo Espírito Lázaro e mencionada acima.

Vejamos como ele inicia a sua mensagem, intitulada "A Lei de Amor": O amor resume a doutrina de Jesus toda inteira, visto que esse é o sentimento por excelência, e os sentimentos são os instintos elevados à altura do progresso feito.

Continuando em suas belas explicações, Lázaro acrescenta:

> E o ponto delicado do sentimento é o amor, não o amor no sentido vulgar do termo, mas esse sol interior que condensa e reúne em seu ardente foco todas as

---

[102] - Allan KARDEC. *O evangelho segundo o espiritismo.*

> aspirações e todas as revelações sobre-humanas. A lei de amor substitui a personalidade pela fusão dos seres; extingue as misérias sociais. Ditoso aquele que, ultrapassando a sua humanidade, ama com amplo amor os seus irmãos em sofrimento! Ditoso aquele que ama, pois não conhece a miséria da alma, nem a do corpo. Tem ligeiros os pés e vive como que transportado, fora de si mesmo. Quando Jesus pronunciou a divina palavra – amor, os povos sobressaltaram-se e os mártires, ébrios de esperança, desceram ao circo.

O amor, em seu significado mais elevado, difere de tudo o que, comumente, se denomina amor nos tempos atuais. Não tem nada a ver com a expressão "fazer amor", pois o amor é um sentimento e não pode ser "feito" através de extravasamento da sexualidade irresponsável, que tem parceiros variados, mas não a pessoa amada.

O amor verdadeiro transcende ao desejo físico, é mais do que este, embora possa ser um impulso de quem ama e que se exprime em comunhão sexual, na qual a interação a dois é resultante de um sentimento mútuo e pleno.

Existem várias gradações de amor. Cada um de nós pode observar a si mesmo e encontrará em seu íntimo diversas expressões de amor. Assim, amamos nossos pais com intensidade diferente da que temos em relação aos nossos filhos, e mesmo entre esses temos um ou outro que nos desperta afinidade mais profunda; amamos nossos irmãos consanguíneos de outra forma; amamos àquele (a) que elegemos para um relacionamento a dois, de forma totalmente diferente, em que está presente uma espécie de encantamento, de se sentir completar no ser amado; amamos nossos amigos, às vezes, com intensidade maior do que o amor que dedicamos a um parente próximo (a amizade sincera é uma das expressões do amor); amamos os Guias Espirituais, os santos, a Jesus, a Deus, com outra gradação de amor, a qual poderíamos dar o nome de veneração.

No seu aspecto mais espiritualizado, o amor revela-se com uma abrangência que vai além do amor à família consanguínea, para se transformar em um sentimento de caráter universal.

No ano de 2001, escrevemos uma página a respeito do amor e do amar, publicada nas revistas *Presença Espírita*, editada pela "Mansão do Caminho", em Salvador (BA) e *O Médium*, editada em Juiz de Fora, pela Aliança Municipal Espírita, que a seguir transcrevemos.

12 - Do amor e do amar

> "Amar a Deus sobre todas as coisas e ao próximo como a si mesmo."
>
> Jesus

Amor. Tema preferido dos poetas, compositores, artistas, escritores e religiosos. Tema central das buscas humanas. Quando se faz presente, dulcifica as criaturas e transborda em ações altruísticas, expandindo-se e multiplicando-se, atendendo à vida em todas as dimensões. Aquele que o sente em plenitude destaca-se, naturalmente, como um astro que tem luz própria e refulge em meio às sombras da ignorância humana. Seu brilho atrai e magnetiza as almas como um convite silencioso, mas que reverbera no íntimo dos que estão sintonizados. E do amor e do amar o fluxo e refluxo da vida se torna estuante de beleza e paz para os que se identificam com a harmonia cósmica que vibra em todo o Universo.
Amor. Os que não o conhecem têm em seu lugar a frieza e a indiferença, sombrias vielas por onde transitam a crueldade e as torpezas. A sua ausência abre campo à miséria moral e física, trazendo ao coração a solidão de um imenso e árido deserto.
A busca do amor, entretanto, é um dos impulsos instintivos do ser humano.
A trajetória do Espírito, desde a sua criação, é uma constante procura de algo abstrato denominado felicidade, em cuja essência vige o amor.

O Espírito traz consigo, em germe, emoções que se expressarão em seu caminhar evolutivo, as quais deve aprender a administrar e a burilar. Lenta é essa estrada, difícil o aprendizado, contudo, este se torna extremamente enriquecedor à medida que se vai experienciando a vasta gama de emoções que lhe são inerentes.

Apesar disso, raiamos o Terceiro Milênio sem um conhecimento e vivência maiores a esse respeito e, por isso mesmo, sofre a Humanidade os desequilíbrios que defluem da ausência do amor e a consequente incapacidade de amar dos seres humanos.

O panorama mundial, se observado a um primeiro olhar, é desolador e duvidamos da possibilidade de se conseguir reequilibrar o caos espiritual e moral que parece predominar em toda parte.

E nos perguntamos, como modificar e consertar esse quadro aflitivo? Como mudar esse curso tortuoso? Será que há jeito de melhorar essa conjuntura caótica? Qual o melhor caminho? O que fazer? Qual a diretriz acertada?

Isto nos remete à questão 625 de *O Livro dos Espíritos* – Qual o tipo mais perfeito que Deus tem oferecido ao homem, para lhe servir de guia e modelo? Os Benfeitores da Vida Maior responderam: Jesus. Ele próprio disse: – Eu sou o Caminho da Verdade e da Vida e ninguém vem ao Pai senão por mim.

Temos o caminho, o roteiro, temos conosco o legado que Ele deixou e aprendemos a lei áurea que impera em todas as comunidades planetárias: Amar a Deus sobre todas as coisas e ao próximo como a si mesmo.[103]

---

[103] - Suely C. SCHUBERT, "Do Amor e do Amar" in *Presença Espírita*, 2001.

A mensagem é perene. É para todos os tempos e além do tempo. Transcendente, permanece viva e com tanta atualidade que caso se tornasse presente nas ações de cada indivíduo revolucionaria todos os paradigmas que imperam e norteiam os diversos campos do conhecimento humano. Jesus falou para o futuro – que se constrói agora.

Ao preconizar a regra áurea de que devemos amar significa que o amor existe latente em cada um dos filhos de Deus. Temos assim a possibilidade de amar.

Lecionando sobre o amor, em uma de suas magistrais páginas, Joanna de Ângelis diz: "A síntese proposta por Jesus em torno do amor, é das mais belas psicoterapias que se conhece: 'Amar a Deus acima de todas as coisas e ao próximo como a si mesmo', em uma trilogia harmônica."[104]

Analisando a frase, conforme propõe a Mentora, verificamos que ela convida a três diferentes gradações do amor: amar a Deus, amar ao próximo e amar a si mesmo. Todavia, para cultivá-las, o indivíduo deve começar do fim para o princípio. Ou seja, começando por amar a si mesmo. O que não se consegue com facilidade em razão dos bloqueios íntimos que nos engessam as emoções, desde há muito.

Trazemos hoje o acervo de nosso passado multimilenar, no qual predominam as ações negativas que agora pesam na economia da alma. E, por isso, às vezes, não nos aceitamos, seja pela culpa inconsciente, seja pela insatisfação e rejeição à vivência atual. Entretanto, a Doutrina Espírita, despertando o ser e tornando-o consciente, propicia um processo valioso de

---

[104] - Divaldo P. FRANCO. *Amor, Imbatível Amor.*

autoconhecimento em que a autoestima é resgatada. O amor emerge, vem à tona e começamos a amar o amor em nós e essa descoberta é sempre um encontro de deslumbramento e alegria.

É inevitável que esse sentimento passe a preencher a vida de quem o está experimentando. E é de tal ordem esse estado d'alma que surge o desejo de repartir, de compartilhar, de doar, pois o dique das emoções transborda e se rompe em definitivo no anseio de amar. Não apenas a uma, duas ou algumas pessoas, mas amar o próximo, o que significa uma conduta na qual as ações altruísticas se tornem a motivação da vida.

Nesse estágio o ato de amar torna-se uma atitude.

Amar o próximo elimina as distâncias. Todos são o próximo.

E amando o próximo, amamos a Deus.

Começamos a ter a percepção de que Deus está presente. Tão certo quanto o ar que respiramos, quanto a vida que existe em nós e em todos os recantos do Universo. E a magia dessa descoberta encanta e enternece.

Deus é Amor. E do Perfeito Amor, dessa Fonte Sublime jorra o Amor que se transubstancia no cosmos e em tudo o que existe, no supremo ato de amar.

13 - A força da vontade

"Seja feita a Tua Vontade, assim na Terra como nos céus."
Jesus, na oração *Pai Nosso*. (Mt. 6: 10)

Reconhecendo a dificuldade que os seres humanos têm de estabelecer a comunicação com o Criador, Jesus nos ensinou a orar proferindo o *Pai Nosso*. Conforme registra Mateus, Jesus eleva, então, o pensamento a Deus e profere a mais perfeita prece que o mundo conhece.

Inicialmente, o Mestre dirige-se ao Ser Supremo: Pai nosso, que estais nos céus, deixando claro que Deus é o Pai de todas as criaturas. A palavra "céus" colocada no plural dá uma conotação de que Ele está em toda parte.

As três frases seguintes ressaltam a ideia do reino e da grandeza divina: "Santificado seja o Teu nome; Venha a nós o Teu reino; Seja feita a Tua vontade, assim na Terra como nos Céus."

Não é nosso propósito neste livro analisar essa prece, mas evidenciar a frase que colocamos em epígrafe. Atendendo, porém, à expectativa de que o amigo leitor e a amiga leitora possam ter, diremos, em síntese, que as frases iniciais do *Pai Nosso* estabelecem a conexão, melhor dizendo, a sintonia com o plano vertical, o momento em que aquele que ora abre a sua alma ao Pai do Céu; as demais frases referem-se ao plano horizontal, ou seja, às questões adstritas à vida terrena e à vida íntima daquele que as profere.

Vejamos agora o trecho assinalado para melhor compreensão do seu significado. Interessa-nos enfatizar a questão da vontade divina.

Muitos autores, que se dedicam à interpretação do Evangelho, entendem que ao dizermos *Seja feita a Tua vontade, assim na terra como nos céus*, seria como se estivéssemos dando permissão a Deus para que exerça a Sua vontade, o que seria um contrassenso, pois a criatura não tem condições de comandar o Criador. Entretanto, da maneira como se apresentam os argumentos teológicos na atualidade, os quais dão ênfase ao poder das trevas, ao poder de Satanás, apresentado como um anjo que se rebelou contra Deus havendo, portanto, a sua queda e a dos demais que se juntaram àquele, tudo isso tem pesado, negativamente, no entendimento da onipotência divina e de sua misericórdia e amor pelos seus filhos. Sendo o poder do líder das trevas, permanentemente, evidenciado, seja como dirigente do inferno, seja como aquele que dissemina o mal sobre a Humanidade, não é de se admirar que tenha, hoje, praticamente, supremacia sobre Deus. Isso quer dizer que quanto *mais fortalecemos a Satanás, mais enfraquecemos a Deus.* Paradoxo difícil de ser resolvido, pois exige uma mudança estrutural de mentalidade religiosa.

Para enfrentar as forças do mal, foi imprescindível manter a ideia de que Deus é cruel, mal-humorado, enche-se de ira e é extremamente vingativo. A seguir temos outro paradoxo, capaz de condenar o pecador a viver eternamente no inferno, entregue à sanha do seu principal oponente, da qual não escapará jamais. Nem o Criador poderá salvá-lo, caso o queira.

Outra, entretanto, é a compreensão espírita, que faz justiça à Divindade, ressaltando a Sua Onipotência, Perfeição, Misericórdia e Amor.

Assim, quando a frase em questão é pronunciada na oração *Pai Nosso*, ela está expressando *a nossa submissão à vontade do Pai*: Seja feita a Tua Vontade, tanto na terra quanto nos céus. O que se está exaltando é a compreensão do filho, a resignação em relação a tudo o que faz parte da sua experiência terrena e que não pode ser modificado.

Aqui é importante deixar bem claro que *resignação* não significa *acomodação*, deixar de lutar, de tentar enfrentar os desafios da vida física e do processo evolutivo em geral. Quer dizer isto sim, que o indivíduo deve resignar-se quanto às circunstâncias da atual reencarnação naquilo que não está ao seu alcance mudar e, sobretudo, em um nível de compreensão acerca da Vontade Divina.

A vontade divina

O Universo é a expressão da Vontade do Criador. Todavia, bem poucos assim o entendem.

Alguns creem que o Universo é resultante de transformações da matéria, sendo, portanto, um gigantesco mecanismo – tal é o entendimento de grande parte dos cientistas; outros, segundo o pensamento religioso que os norteiam, imaginam que as galáxias, estrelas, sóis e tudo o mais que brilha ou preenche o espaço sideral não teria outra finalidade a não ser a de enfeitar as noites terrenas. Por certo, existem por aí muitas outras teorias esdrúxulas a respeito.

Belo e lógico, entretanto, é o esclarecimento do Espiritismo acerca da Criação Universal. A respeito do tema recomendamos aos leitores as obras de Léon Denis, em especial, *O Grande Enigma*, que o apresenta de maneira excepcional, combinando argumentações irrefutáveis com rara beleza poética, que evidenciam a elevada sensibilidade do autor. Como é óbvio, é imprescindível consultar Kardec, com ênfase para o quinto livro da Codificação, *A Gênese*.

Observemos um trecho de Léon Denis, no livro acima citado:

> Se a Terra evolucionasse com estrondo; se o mecanismo do mundo se regulasse com fracasso, os homens, aterrorizados, curvar-se-iam e creriam. Mas, não! A obra formidável se executa sem esforço. Globos e sóis flutuam no Infinito, tão livres quanto plumas sob a brisa. Avante, sempre avante! O rondar das esferas se efetua guiado por uma potência invisível.
> A vontade que dirige o Universo se disfarça de todos os olhares.

Mais adiante ele diz, referindo-se à harmonia que impera em toda parte:

> ... tudo se liga e encadeia no Universo. Tudo é regulado pela lei do número, da medida, da harmonia. As manifestações mais elevadas de energia confinam com a inteligência. A força se transforma em atração; a atração se faz amor. Tudo se resume em um poder único e primordial, motor eterno e universal, ao qual se dão nomes diversos e é apenas o Pensamento, a Vontade divina. Suas vibrações animam o infinito! Todos os seres, todos os mundos se banham no oceano das irradiações que emanam do inesgotável foco.

A Vontade Divina, contudo, tem sido interpretada pelas criaturas, como a que rege todas as desgraças e vicissitudes da vida terrena. Diante de acidentes, de guerras e todas as suas trágicas consequências, diante de tragédias, mortes e até mesmo de crimes, é comum que as pessoas digam "é a vontade de Deus". Doenças, deficiências e lesões físicas são logo atribuídas à vontade divina. Se todos os sofrimentos humanos fossem realmente provocados por Deus, Ele seria um ser monstruoso, sem compaixão e sem amor pelos seus filhos.

Importa compreender que a Justiça Divina é perfeita como também a Misericórdia e o Amor que estão presentes em toda a Criação Universal.

As dores e sofrimentos são opções nossas, que no mau uso de nosso livre-arbítrio enveredamos pelos caminhos tortuosos dos erros, da maldade e da loucura. Quando somos alcançados pela Lei de Ação e Reação que impera no Universo, quando colhemos o que plantamos, então reclamamos, revoltando-nos e blasfemando contra Deus. O próprio Mestre Jesus deixou bem clara a explicação sobre o resultado de nossas ações, "... a cada um segundo as suas obras." Os Benfeitores Espirituais lecionam que a semeadura é livre, mas a colheita é inevitável e obrigatória.

Portanto, a nossa colheita atual reflete o nosso ontem. Do mesmo modo o nosso hoje, já que existem ações por nós praticadas que detonam resultados imediatos. Assim, que ninguém reclame, a não ser de si mesmo.

A Bondade de Deus, porém, oferece a todos a oportunidade da reencarnação.

O desconhecido poder da vontade

O que é a vontade, afinal?

O dicionário informa:

Vontade – Faculdade de representar, mentalmente, um ato que pode ou não ser praticado em obediência a um impulso ou a motivos ditados pela razão. Sentimento que incita alguém a atingir o fim proposto por esta faculdade; aspiração, anseio, desejo. Capacidade de escolha, de decisão. Disposição de Espírito, espontânea ou compulsiva.

Volição – Ato pelo qual a vontade se determina a alguma coisa.

Volitivo – Respeitante à volição ou à vontade.[105]

Ao ser criado (ou individualizado), o Espírito foi dotado por Deus de vários atributos (poderíamos dizer "talentos"), tais como a inteligência, a mente, o pensamento, a razão, a consciência, o livre-arbítrio, o senso moral e um fantástico poder denominado VONTADE.

Reconhecendo este poder Léon Denis afirma:

> O princípio superior, o motor da existência é a vontade.
> (...)
> A vontade é a maior de todas as potências; e em sua ação é comparável ao imã. A vontade de viver, de desenvolver em nós a vida, atrai-nos novos recursos vitais; tal é o segredo da lei de evolução.[106]

---

[105] - Aurélio B. H. FERREIRA. *Novo dicionário Aurélio da língua portuguesa.*
[106] - Léon, DENIS. *O problema do ser, do destino e da dor.*

Sabemos, segundo a Doutrina Espírita, que o Espírito tem como determinismo irresistível a evolução, sendo, portanto, perfectível. Isso quer dizer que traz em si, nesses atributos mencionados, as condições imprescindíveis para atingir essa meta superior. Inicialmente, preponderam os instintos, como impulsos que farão o Espírito caminhar e desejar algo mais em sua vida.

Allan Kardec registra em *A Gênese* a diferença entre instinto e inteligência, sendo oportuno destacar alguns pontos: "O instinto é a força oculta que solicita os seres orgânicos a atos espontâneos e involuntários, tendo em vista a conservação deles. Nos atos instintivos não há reflexão, nem combinação, nem premeditação."[107]

O Codificador assinala que é assim que a planta procura o ar, a luz; que os animais sabem o que lhes convêm ou prejudica; que buscam, conforme a estação, o clima propício; que os sexos se aproximam. Quanto ao ser humano, esse ao nascer e nos primeiros tempos de vida é governado pelos instintos, com a idade e amadurecimento prevalecem a inteligência, o raciocínio, embora em certos momentos e circunstâncias o instinto venha a predominar, como os movimentos espontâneos para evitar um perigo, para manter o equilíbrio do corpo, o piscar das pálpebras para proteger os olhos de alguma coisa nociva etc.

---

[107] - Allan KARDEC, *A gênese*, cap. III it. 11 e 12.

> A inteligência se revela por atos voluntários, refletidos, premeditados, combinados, de acordo com a oportunidade das circunstâncias. É incontestavelmente um atributo exclusivo da alma.
> Todo ato maquinal é instintivo; o ato que denota reflexão, combinação, deliberação é inteligente. Um é livre, o outro não o é.

Mas, é interessante atentar para o fato de que no instinto de sobrevivência encontramos os pródromos da vontade. Isso acontece em diferentes níveis em todos os seres vivos, dos mais simples aos mais complexos, evidenciando o princípio espiritual em seus vários estágios, nos diferentes reinos da Natureza.

Traremos a seguir a palavra do neurologista Dr. António Damásio, que explica acerca do instinto de sobrevivência e como isso ocorre, a partir da ameba:

> Um organismo simples formado de uma única célula, digamos, uma ameba, não apenas está vivo, mas se empenha em continuar vivo. Sendo uma criatura sem cérebro e sem mente, a ameba não sabe sobre as intenções de seu próprio organismo assim como nós sabemos sobre nossas intenções equivalentes. Porém, a forma da intenção está presente, expressa na maneira como a criaturinha consegue manter em equilíbrio a composição química de seu meio interno, enquanto à sua volta, no ambiente externo a ela, pode estar havendo uma tremenda comoção.

> O ímpeto de manter-se vivo não é uma propriedade exclusiva dos seres humanos. De um modo ou de outro, dos organismos simples aos complexos, a maioria dos seres vivos apresenta essa propriedade. O que efetivamente varia é o grau em que os organismos têm conhecimento desse ímpeto. Poucos deles têm. Mas o ímpeto está presente, quer o organismo saiba disso ou não. Graças à consciência, os humanos são em grande parte cientes dele. (...)
> A tarefa de refrear a amplitude das mudanças, de manter o interior sob controle em face das variações do exterior, é um trabalho gigantesco. Ele é feito continuamente, possibilitado por funções de comando e controle dirigidas com precisão, distribuídas por todo o núcleo da célula, pelas organelas e pelo citoplasma.[108]

Vemos neste texto, de maneira muito clara, a partir do instinto de sobrevivência em uma simples ameba a gênese desse atributo poderoso que é a vontade, evidenciada no princípio espiritual em seus vários estágios nos reinos da Natureza. Conforme encontramos em *A Gênese*, o Espírito só recebe a iluminação divina após haver passado "... pela série divinamente fatal dos seres inferiores, entre os quais se elabora lentamente a obra de sua individualização."[109]

Importante instrução nos é transmitida por André Luiz, quando discorre sobre a alavanca da vontade e o processo de evolução desse atributo:

---

[108] - António DAMÁSIO. *O mistério da consciência*.
[109] - Allan KARDEC. *A gênese*, cap. VI, it. 19.

E para manejar as correntes mentais, em serviço de projeção das próprias energias e de assimilação das energias alheias, dispõe a alma, em si, da alavanca da vontade, por ela vagarosamente construída em milênios e milênios de trabalho automatizante.

A princípio adstrita aos círculos augustos do primitivismo, a vontade, agarrada ao instinto de preservação, faz do Espírito um inveterado monomaníaco do prazer inferior.

Avançando pelo terreno inicial da experiência, aparece o homem qual molusco inteligente, sempre disposto a fechar o circuito das próprias oscilações mentais sobre si mesmo, em monoideísmo intermitente.[110]

Prosseguindo em suas elucidações, André Luiz assinala:

A memória e a imaginação, ainda curtas, limitam a volição do homem a simples tendência que, no fundo, é aspecto primário da faculdade de decidir. (...)
A civilização, porém, chega sempre.
O progresso impõe novos métodos e a dor estilhaça envoltórios.
As modificações da escolha acompanham a ascensão do conhecimento.
A vontade e o prazer de domínio, no curso de largos séculos, convertem-se em prazer de aperfeiçoar e servir, acompanhados de auto-domínio.

---

[110] - Francisco C. XAVIER. *Evolução em dois mundos.*

Infere-se, pois, que o Espírito, em sua escalada evolutiva caminha, conforme enfatiza Gustavo Geley, "... do inconsciente ao consciente."[111] Essa trajetória, à medida que se torna cada vez mais consciente, propicia a que a vontade se torne presente como verdadeira alavanca propulsora, impelindo o Espírito a viver a vida, e a realizar tudo aquilo que a torne possível, menos difícil, mais saudável e agradável.

A vontade pode ser expressa como querer, desejar, buscar, ansiar etc. Já diz o antigo ditado popular, "querer é poder". Léon Denis acrescenta: "O poder da vontade é ilimitado."

O escritor espírita José M. Mesquita, em seu ótimo livro *A Dinâmica da Mente na Visão Espírita*, esclarece que as forças fundamentais da mente são o pensamento, o sentimento e a vontade: "... se o pensamento é o elemento intelectivo e o sentimento é o elemento afetivo, a vontade, por sua vez, é o elemento de controle."[112]

Refletindo acerca desse notável e quase desconhecido poder que nos é próprio podemos concluir que:

A vontade é a própria força de viver. De prosseguir.

A vontade governa todos os setores da ação mental. Assim, a vontade em ação é o nosso esforço em alcançar este ou aquele resultado.

Ela comanda e mantém a disciplina, o equilíbrio e toda e qualquer mudança em nossa vida. A nossa transformação moral depende de nossa força de vontade. Quando ela fraqueja, não alcançamos bons resultados ou resultado nenhum.

---

[111] - Gustavo GELEY. *Del inconsciente al consciente.*
[112] - José M. MESQUITA. *A dinâmica da mente na visão espírita.*

A meta do Espírito é a Perfeição. Mas, para alcançá-la é preciso exercer a vontade.

O Mentor Espiritual Emmanuel leciona sobre o assunto informando que a vontade governa todos os setores da ação mental, e em seguida afirma:

> A Divina Providência concedeu-a por auréola luminosa à razão, depois da laboriosa e multimilenária viagem do ser pelas províncias obscuras do instinto.
> Para considerar-lhe a importância, basta lembrar que ela é o leme de todos os tipos de força incorporados ao nosso conhecimento. (...)

E conclui: "Só a Vontade é suficientemente forte para sustentar a harmonia do Espírito."[113]

Concluímos com a palavra sempre sábia de Joanna de Ângelis:

> A vontade é, portanto, o motor que impulsiona os sentimentos e as aspirações humanas para a conquista do infinito, sendo sempre maior quanto mais é exercitada. Inexpressiva, nos primeiros tentames, logo se transforma em comando das possibilidades que se dilatam, enriquecendo o ser com os valores imperecíveis da sua evolução.
> A vontade se radica nos intrincados tecidos sutis do Espírito que, habituado à execução de tarefas ou não, consegue movimentar as forças internas de que se constitui, a fim de atingir os objetivos que lhe devem representar fator de progresso.[114]

---

[113] - Francisco C. XAVIER. *Pensamento e vida*.
[114] - Divaldo P. FRANCO. *Triunfo pessoal*.

14 - O sexto sentido

"Quanto mais investiga a Natureza, mais se convence o homem de que vive num reino de ondas transfiguradas em luz, eletricidade, calor ou matéria, segundo o padrão vibratório em que se exprimam. Existem, no entanto, outras manifestações da luz, da eletricidade, do calor e da matéria, desconhecidas nas faixas da evolução humana, das quais, por enquanto, somente poderemos recolher informações pelas vias do Espírito."

André Luiz

(Prefácio de *Mecanismos da Mediunidade*)

Todos somos dotados de um sexto sentido.

O sexto sentido é transcendental e possibilita ao ser humano perceber, captar e/ou comunicar-se com o outro plano da vida, o plano espiritual. O sexto sentido é a mediunidade. Ela existe em estado latente em todas as criaturas humanas, entretanto, se desenvolve somente de forma ostensiva a partir de circunstâncias especiais e em pessoas que tenham propensão para isso.

É imprescindível mencionarmos, logo de início, a conceituação de Allan Kardec, registrada em sua magistral obra *O Livro dos Médiuns,* cap. XIV, it. 159:

Todo aquele que sente, num grau qualquer, a influência dos Espíritos é, por esse fato, médium. Essa faculdade é inerente ao homem; não constitui, portanto, um privilégio exclusivo. Por isso mesmo, raras são as pessoas que dela não possuam alguns rudimentos. Pode, pois, dizer-se que todos são, mais ou menos, médiuns. Todavia, usualmente, assim só se qualificam aqueles em quem a faculdade mediúnica se mostra bem caracterizada e se traduz por efeitos patentes, de certa intensidade, o que então depende de uma organização mais ou menos sensitiva.

Essa natural predisposição é decorrente de compromissos e necessidades específicas do indivíduo, e quando a faculdade se torna evidente, pode-se dizer que é sinal de um chamamento para uma realidade maior. Expressa compromissos anteriores que devem ser assumidos no presente, ao tempo em que são convites para uma mudança de entendimento e do rumo dos próprios passos.

É preciso que se entenda que mediunidade não é doença e, conforme enfatiza Hermínio Miranda em seu excelente livro *Diversidade dos Carismas*, "... nem indício de desajuste mental ou emocional – é uma afinação especial da sensibilidade."

Contudo, grande é o número de pessoas que têm medo dessas percepções espirituais, mormente quando se tornam mais intensas; daqueles que têm preconceitos; dos que julgam serem indícios de perturbações mentais; dos que as possuem de forma explícita, porém, utilizam-nas para enganar as pessoas e obterem lucros com a exploração da boa-fé e da ingenuidade do povo; dos que passam a vida toda evitando falar a respeito porque confundem tais percepções com enfermidades as mais diversas, enfim, comprometendo-se de maneira prejudicial para si mesmos ou adiando o que poderia ser, altamente, benéfico para suas vidas.

Sendo uma faculdade natural do ser humano, a mediunidade faz parte do elenco de atributos com os quais o Espírito é dotado e que são essenciais para o seu desenvolvimento e progresso mental, moral e, principalmente, espiritual.

Observemos como a Instrutora Espiritual Joanna de Ângelis reporta-se a esse atributo, dando-nos uma visão mais profunda a respeito:

> Porque é uma fonte de energia, o Espírito possui recursos valiosos que se expressam através do seu psiquismo, podendo irradiar o pensamento, produzindo fenômenos de telepatia – consciente ou inconscientemente; de pré e retrocognição – captando ondas específicas dos acontecimentos; clarividência e clariaudiência – registrando faixas vibratórias especiais, nas quais se assinalam acontecimentos transpessoais – bem como entrando em sintonia com o mundo espiritual de onde se origina e para onde retorna.[115]

Ela esclarece, ainda, que é exatamente essa faculdade de captação de ondas e campos vibratórios muito delicados e complexos que favorecem o intercâmbio com os Espíritos desencarnados.

---

[115] - Divaldo P. FRANCO. *Dias gloriosos*.

Mas, por que mantermos o intercâmbio mediúnico? Por que temos necessidade de comunicação com o plano espiritual?

Deixamos a palavra com Emmanuel, que discorre acerca dessa questão ao comentar o episódio ocorrido com Paulo e Silas, na cidade de Felipes, na Macedônia. Esse fato está registrado em Atos 16: 12 a 18 e Emmanuel o descreve com as minúcias do conhecimento espiritual no livro *Paulo e Estevão,* psicografia de Francisco C. Xavier.

Tudo começou quando Paulo teve uma visão de um homem da Macedônia que lhe pediu ajuda (Atos 16:9 e 10). Compreendendo ser esse um chamamento de Jesus para novos encargos, Paulo empreende a viagem em companhia de Silas.

O labor em Felipes revestiu-se de características inusitadas. Ali, o apóstolo dos gentios resolve pregar em praça pública e, ao terminar a primeira pregação, ele se surpreende ao ouvir uma jovem, que era tida como pitonisa, proferir em altos brados: "– Recebei os enviados do Deus Altíssimo! Não são homens, são anjos do Altíssimo. Eles anunciam a salvação". A cena se repetiu durante alguns dias. Paulo procurou saber quem era a moça e foi informado ser ela muito conhecida na região, onde muitos a buscavam para consultas. Seus patrões mercantilizavam seus poderes psíquicos e estavam obtendo bons lucros. Inteirado dos fatos, em certo dia, ao término da pregação, a cena se repetiu. Paulo, que não se conformava com esse tipo de situação, para surpresa geral, em passos firmes aproximou-se da jovem, "... que estava dominada por estranha influência, e com toda sua autoridade moral (...) intimou a entidade manifestante, em tom imperativo" a se retirar para sempre, o que ocorreu imediatamente, provocando grande admiração popular.

Mas, Silas não entendeu a atitude do companheiro, pois em sua inexperiência se comprazia com os elogios, julgando-os favoráveis e valiosos como propaganda para o trabalho que realizavam. Interpelou-o manifestando a sua opinião e Paulo, então, esclareceu que os elogios eram imerecidos.

Vejamos a seguir as explicações de Paulo, que vêm bem a propósito das duas perguntas acima:

– Aquele Espírito poderia falar em Deus, mas não vinha de Deus. Que fizemos para receber elogios? Dia e noite, estamos lutando contra as imperfeições de nossa alma. (...) Não ignoras como vivo em batalha com o espinho dos desejos inferiores. Claro que, se aquele Espírito viesse de Jesus, outras seriam suas palavras. Estimularia nosso esforço, compreendendo nossas fraquezas. Além do mais, procurei informar-me a respeito da jovem e sei que ela é hoje a chave de grande movimento comercial.

Silas, entretanto, não compreendendo bem os esclarecimentos e interpretando-os de outra forma, indagou:

... – Todavia, será o incidente uma lição para não entretermos relações com o plano invisível?
– Como pudeste chegar a semelhante conclusão? – respondeu o ex-rabino muito admirado. – O Cristianismo sem o profetismo seria um corpo sem alma. Se fecharmos a porta de comunicação com a esfera do Mestre, como receber seus ensinos? Que seria de nossa tarefa sem as luzes do plano superior? (...) Já pensaste no Cristo sem ressurreição e sem intercâmbio com os discípulos? (...) Ninguém poderá fechar as portas que nos comunicam com o Céu.

Informa Emmanuel que Silas emocionou-se com a argumentação do amigo e calou-se.

Infere-se, pois, que a comunicação com a Espiritualidade Maior é essencial para o progresso dos encarnados. Ao entretermos as relações com os Bons Espíritos, estaremos oxigenando o plano terreno, recebendo deles sementes de luz que irão fomentar novas ideias, despertando a mente humana para a sua própria transcendência, para sua condição de Espírito imortal, o que resulta em nova concepção de vida, e em busca consciente e com mais responsabilidade da própria espiritualização.

Sabemos, porém, que dentre as faculdades inerentes ao ser humano é a mediunidade a única que sofre com o preconceito, com a perseguição e, pior ainda, aquela que não é admitida, que é negada por grande parte das criaturas. Há uma ideia quase generalizada de que são os encarnados que provocam o intercâmbio espiritual, que evocam os Espíritos forçando-os a se manifestarem. Entretanto, não é assim que as coisas funcionam, pois são eles que nos chamam, que nos convocam e provocam a comunicação.

Observemos a seguir a palavra do Codificador, que deixa isso bem claro:

> Não foram os médiuns, nem os espíritas que criaram os Espíritos; ao contrário, foram os Espíritos que fizeram haja espíritas e médiuns. Não sendo os Espíritos mais do que as almas dos homens, é claro que há Espíritos desde quando há homens; por conseguinte, desde todos os tempos eles exerceram influência salutar ou perniciosa sobre a Humanidade. A faculdade mediúnica não lhes é mais que um meio de se manifestarem.[116]

---

[116] - Allan KARDEC. *O livro dos médiuns*, cap. XXIII, it. 244.

Eis o que diz Joanna de Ângelis, com muita propriedade e plenamente de acordo com as diretrizes de *O Livro dos Médiuns*:

> Compreendendo-se que o mundo real é o causal, que o espiritual é o da origem do ser e não da sua consequência, facilmente se entenderá que a demonstração da imortalidade partiu, portanto, da esfera psíquica e não da física, despertando a consciência adormecida no corpo para as finalidades da evolução a que se encontra adstrita.
>
> Possuindo maior visão da realidade e vivendo-a em plenitude, o Espírito pode com maior precisão informar quais são os valores e objetivos verdadeiros que valem a pena ser buscados e cultivados, dando sentido existencial à experiência orgânica, que então se reveste de alta significação psicológica.[117]

Os domínios do espírito

A mediunidade é uma faculdade extraordinariamente fértil, rica e preciosa. Ela nos abre as comportas da dimensão espiritual, o que propicia um horizonte de perspectivas infinitas.

A possibilidade de mantermos relações com o mundo dos Espíritos é mais uma prova da solicitude do Pai para com seus filhos, visto que acaba com a ideia da morte sendo o fim

---
[117] - Divaldo P. FRANCO. *Dias gloriosos*.

de tudo; da acanhada perspectiva de uma única vida – que, se assim fosse, extinguiria totalmente no ser humano, diante das agruras da romagem terrena, a esperança de alcançar a felicidade; e do futuro como sendo apenas o exíguo espaço de uma só existência no planeta Terra.

Para que o intercâmbio entre os dois planos se tornasse possível, o Criador dotou as criaturas de condições que o viabilizassem, assim o sexto sentido, como atributo do Espírito e, quando encarnado, as condições orgânicas compatíveis para a sua eclosão e prática.

Nos capítulos precedentes apresentamos, de forma singela, algumas das fantásticas potencialidades mentais inerentes aos seres humanos, o que nos leva a inferir que esses recursos, logicamente, predominam no âmbito dos fenômenos mediúnicos, em uma gama muito variada de efeitos.

Sendo apanágio do Espírito, a faculdade necessita, digamos assim, de uma "sede" física para sua atuação no caso de processo reencarnatório. Tendo o perispírito como agente intermediário, o Espírito, ao reencarnar, terá no cérebro físico, mais precisamente na glândula pineal (epífise), considerada a "glândula da vida mental", a condição necessária para estabelecer a sintonia com o plano invisível, conforme ensina André Luiz:

> No exercício mediúnico de qualquer modalidade, a epífise desempenha o papel mais importante. Através de suas forças equilibradas, a mente humana intensifica o poder de emissão e recepção de raios peculiares à nossa esfera. É nela, na epífise, que reside o sentido novo dos homens; entretanto, na grande maioria deles, a potência divina dorme embrionária.[118]

---

[118] - Francisco C. XAVIER. *Missionários da luz*.

As múltiplas funções da pineal

Creio ser de interesse geral sabermos um pouco mais quanto às pesquisas que estão sendo realizadas por dedicados companheiros espíritas (encarnados), pois isso vem referendar as informações e os ensinamentos espirituais.

Assim, importante contribuição em relação à pineal é apresentada pelo Dr. Sérgio Felipe de Oliveira, médico e renomado escritor e pesquisador espírita, em capítulo de sua autoria, intitulado "Cristais da Glândula Pineal: Semicondutores Cerebrais?", inserto no livro *Saúde e Espiritismo* (Associação Médico Espírita do Brasil), do qual mencionamos a seguir alguns pontos para nossa melhor compreensão em torno do assunto.

O Dr. Sérgio Felipe de Oliveira tem pesquisado o funcionamento da pineal no processo do desenvolvimento das fases da vida humana, desde o embrião humano até a pessoa idosa.

Inicialmente, ele informa que a pineal é uma glândula endócrina e que sua comunicação com o organismo é feita pelo sistema circulatório, através dos hormônios. Enfatiza que no cérebro as áreas mais vascularizadas são aquelas de maior funcionamento neuronal, e que se observa em torno da pineal riquíssima rede circulatória, o que leva à inferência sobre o seu alto grau de função.

Descobertas recentes informam que uma de suas funções é a de ser "relógio biológico do corpo humano". Já é conhecida a correlação da pineal com as funções da fisiologia sexual, com a função pancreática e com o sistema imunológico. O componente da sexualidade pode significar uma atividade funcional da pineal com o sistema límbico.

As células que constituem a pineal são especializadas na produção hormonal e são denominadas de pinealócitos. Também são encontrados neurônios, células glias e o endotélio.

Assinala o citado pesquisador:

> As funções metabólicas dessas células estão ligadas à produção de microesferas de fosfato e carbonato de cálcio (entre outros elementos em menor concentração). Essas esferas são constituídas por camadas concêntricas (como uma cebola), e haverá tantas camadas quanto mais idade tiver a pessoa. A produção desses cristais não prejudica a função da pineal, mas é a representação de sua intensa atividade. Julgamos que esses cristais estão ligados a funções desconhecidas da estrutura biomagnética cerebral. Atualmente estamos investigando mais aprofundadamente esse assunto, através de estudos tomográficos e de microscopia eletrônica.

Muitos outros aspectos interessantes e esclarecedores são abordados pelo Dr. Sérgio F. Oliveira, mas os acima citados já clarificam bastante o nosso entendimento e os dos amáveis leitores. Finalizando, ele sintetiza da seguinte maneira:

O fato de a pineal funcionar como um transdutor psiconeuroendócrino, a faz uma glândula muito especial. Assim como os olhos detêm a capacidade de captar imagens, os ouvidos, o som, o tato, a geometria dos objetos, a pineal é um sensor capaz de 'ver' o mundo espiritual e de coligá-lo com a estrutura biológica. É uma glândula, portanto, que 'vive' o dualismo Espírito-matéria.

A condição dual dessa glândula, geralmente, denominada de epífise no meio espírita, é algo notável e responde pela vasta gama de percepções e captações que muitos de nós temos e que transcendem o campo puramente físico, que na visão dos cientistas mecanicistas está adstrito à matéria.

Essa nova compreensão que, paulatinamente, vai sendo explicitada pelo Espiritismo, através de revelações do plano espiritual e da contribuição de dedicados pesquisadores espíritas, cada vez mais ressalta a profundidade do raciocínio de Allan Kardec, que há quase 150 anos inferia um universo notável de fenômenos, a partir dos seus contatos com o mundo dos Espíritos pelos diferentes médiuns. Essa acuidade mental do Codificador é realmente admirável e evidencia as suas eméritas condições de missionário da Terceira Revelação.

Isso o levou a indagar dos Espíritos Superiores se o desenvolvimento da faculdade mediúnica dependeria da moralidade do médium, obtendo a seguinte resposta: "Não; a faculdade propriamente dita se radica no organismo; independe do moral."[119]

Isso não quer dizer que a faculdade seja orgânica, mas que tem a sua contraparte no corpo físico, localizada, portanto, como vimos, na pineal.

---

[119] - Allan KARDEC. *O livro dos médiuns.*

Vianna de Carvalho (Espírito) ensina que: "A faculdade mediúnica é originária do Espírito, exteriorizando-se através do organismo físico."[120]

Dissertando a respeito, Joanna de Ângelis dá ênfase a todo esse processo de comunicação da seguinte forma:

> A mediunidade, que é faculdade do Espírito, reveste-se de células, a fim de processar as comunicações, ampliando os horizontes do pensamento humano e fazendo-o mergulhar no oceano infinito do conhecimento. (...)
> Podendo utilizar-se conscientemente de parte das funções cerebrais e de algumas glândulas do sistema endócrino, elabora antenas que captam as ondas mentais que se movimentam no campo de vibrações do planeta, sejam procedentes de seres encarnados ou de Espíritos livres da couraça material. (...)
> A mediunidade, portanto, expressa-se mediante um campo de energia específica a irradiar-se através do perispírito, que mais facilmente capta as vibrações de outro, porquanto a ocorrência dá-se através desse veículo sutil, que é o instrumento de registro e decodificação da onda mental do desencarnado direcionada ao sensitivo.[121]

Embora os vestígios, sinais e fatos concretos de que o intercâmbio entre os dois mundos, o físico e o espiritual, tem ensejado ao longo de toda a História da Humanidade, a mediunidade tem sido desconsiderada, enquanto os seus portadores e os que se interessam pelo assunto são alvo de perseguições

---

[120] - Divaldo P. FRANCO. *Médiuns e mediunidades*.
[121] - Divaldo P. FRANCO. *Dias gloriosos*.

cruéis e zombarias. Todavia, essa faculdade tem um papel de alta relevância na vivência terrena, por ser o elo com o mundo espiritual, favorecendo-nos a comunicação com os que lá estão, muitos deles afetos queridos que nos aguardam e dos quais nos apartamos quando da retomada de um novo corpo carnal.

Dimensões da mediunidade

No âmbito da mediunidade existe uma gama muito variada de fenômenos, cada um deles com características próprias e efeitos diversos. Supor-se que tudo isso seja fantasia, que faz parte do imaginário popular é dar a esse imaginário uma inconcebível magnitude, visto que já existia, mesmo entre os homens primitivos, na aurora da Humanidade.

O que sobressai nesse tipo de conduta ferrenhamente contrária, às vezes, agressiva, é o receio de uma realidade maior, transcendente, que traz no seu cerne um chamamento à responsabilidade. E é isso o que a grande maioria quer evitar. Como pensar nisso, preocupar-se com a espiritualização e com a espiritualidade se isso implica abandonar as ilusões que alimentam com tanto fervor? Como deixar os prazeres físicos, a vida irresponsável que dá pouco trabalho por um caminho que exige mudanças, sacrifícios e disciplina? "A vida é curta, urge aproveitá-la" – dizem.

O fato de se admitir o intercâmbio entre o mundo terreno e o espiritual, como uma realidade inconteste, acaba por implicar também a aceitação de outras verdades – até, então, negadas ou jamais cogitadas – como a continuidade da vida, a reencarnação, a Lei de Causa e Efeito, a premente necessidade de fazer o bem etc.

Adiar esse momento só irá complicá-lo, tornando o despertar mais difícil e sofrido.

No entanto, quantas bênçãos o exercício mediúnico nos proporciona? Descobrir isso se traduz em grande satisfação íntima e estimula o indivíduo a prosseguir na caminhada, com uma visão mais profunda e bela da vida, pela certeza da imortalidade.

O título do meu livro, *Mediunidade – Caminho para Ser Feliz* é uma referência a tudo isso que acabamos de mencionar.

Segunda Parte
Arquivos da Alma

15 - Arquivos da alma

"Esta revelação (de vidas passadas), porém, só os Espíritos Superiores a fazem, com um fim útil, nunca para satisfazer a vã curiosidade."

Allan Kardec (*O Livro dos Espíritos* – q. 399)

Regressão de memória no plano espiritual

A memória é o arquivo da alma. Nos seus refolhos está gravada toda a trajetória do Espírito desde os seus primeiros passos na escalada evolutiva.

Esse é um território sagrado, inexpugnável, como um escrínio secreto, que retém os registros das experiências, como conquistas e fracassos que o ser humano acumula no curso dos tempos.

Embora todas essas características, a memória, sob condições extremas e especialíssimas, pode ser devassada, a juízo de Espíritos Superiores, para benefício do Espírito, quando este, terrivelmente, enredado no torvelinho dos próprios erros necessite ser despertado, tornando-se cônscio de seu estado espiritual.

Vimos na primeira parte desta obra, quando abordamos o fantástico potencial da memória, o Benfeitor Clarêncio aplicando passes magnéticos no campo cerebral do paciente, no intuito de tirá-lo do que ele denomina de "sombra anestesiante da amnésia".

No caso referido, foram adotados recursos magnéticos para elucidar quanto às causas que deram origem às perturbações que a entidade apresentava. No entanto, outros procedimentos podem ser usados, especificamente, quando há necessidade de que o Espírito veja os quadros mentais de seu passado próximo ou remoto, como se os estivesse vivenciando novamente. Para tal cometimento é imprescindível o concurso de Instrutores Espirituais, que identificarão a premente necessidade de tal providência, a fim de auxiliar o Espírito em grave processo de perturbação, proveniente de crimes perpetrados, suicídio, remorsos ou cristalizações mentais, ocasionando deformações e lesões perispirituais de grande porte.

Várias obras mediúnicas de autoria dos Espíritos André Luiz, Manoel Philomeno de Miranda, psicografadas por Francisco Cândido Xavier e Divaldo Franco, respectivamente, assim também as psicografadas por Yvonne A. Pereira relatam esses casos em que são utilizadas aparelhagens específicas para a regressão de memória.

Por sua grandiosidade e por ser extremamente instrutivo, embora pouco mencionado, traremos à nossa apreciação alguns importantes aspectos do notável livro *Memórias de um Suicida*, ditado pelo Espírito que assina com o pseudônimo de Camilo Cândido Botelho, à médium Yvonne A. Pereira.

Vários Espíritos suicidas, inclusive o próprio André Luiz, enfocados na referida obra, após serem resgatados da região sombria em que se encontravam, o Vale dos Suicidas, são levados para tratamento no Hospital Maria de Nazaré, que integra a instituição espiritual denominada Legião dos Servos de Maria. Passam a receber assistência completa, atendendo às suas necessidades morais e espirituais, tanto quanto à recomposição das lesões perispirituais de que cada um era portador.

O livro retrata a difícil e dolorosa escalada evolutiva desses Espíritos, ao tempo em que propicia ao leitor uma reflexão sobre suas próprias dificuldades pessoais, pois evidencia os mecanismos da Lei de Ação e Reação, ressaltando que cada um é artífice do seu destino e escreve sua própria história, sendo responsável pela dor que causa a si mesmo, mas que essa dor, ao contrário do que se supõe, tem função educativa e não punitiva. A par disso, ressalta que a Misericórdia Divina está presente junto a cada ser humano, amparando-o com desvelo e amor para que consiga vencer os óbices que por si próprio atraiu para sua caminhada.

Entre lições e aprendizado de altíssimo valor, os espíritos suicidas tiveram de se defrontar com o passado, através da regressão de memória, induzida por complexa e sofisticada aparelhagem, que registrava as lembranças extraídas do próprio arquivo mental daquele que estivesse sendo analisado. Essa providência era de extrema necessidade, pois ao se conscientizarem do passado, das constantes reincidências nos mesmos erros, das fraquezas e imperfeições que ainda os dominavam, aqueles desventurados seres começassem ali mesmo o árduo processo de transformação interior, único caminho para alcançarem, um dia, a tão sonhada felicidade.

Tal medida fazia-se urgente para que os suicidas, ao reencarnarem, tivessem melhores condições para enfrentamento dos sofrimentos advindos dos crimes cometidos em precedentes existências terrenas, evitando assim novas quedas morais e, inclusive, a repetição do ato de tirar a própria vida. Isso não significa que não houvesse para eles o esquecimento do passado, pois esse faz parte da Lei Divina, mas sim, que trariam, inconscientemente, desejo de vencer, de superar os obstáculos e sofrimentos, uma esperança sempre presente de melhores dias.

A narrativa informa que em espaçosa sala, saturada de fluidos magnéticos a emitirem fosforescências azuladas, encontrava-se singular cadeira transparente, como se fosse de cristal, à frente da qual estava uma placa quadrangular, com cerca de dois metros, semelhante a um espelho, placa essa ultrassensível, fluido-magnética, com propriedade de registrar quaisquer impressões mentais ou emocionais de quem ali se apresentasse.

Tais aparelhos são constituídos de substâncias extraídas dos raios solares e funcionam como uma espécie de máquina fotográfica, através da qual os Instrutores têm condição de medir, reproduzir e movimentar os pensamentos, as recordações, os atos passados, e que estão registrados nos escaninhos da mente, que então impressionam a luminosa placa, tornando-se visíveis e tão reais como a própria realidade em que foram vivenciados.

Esse pequeno grupo de suicidas teve assim a oportunidade de assistir à regressão de memória de Agenor Peñalva, recolhido, na época, fazia trinta e oito anos, e que durante todo este período mantinha-se refratário às orientações dos Mentores, não admitindo os graves crimes por ele cometidos, sempre tentando escondê-los com argumentos falsos e inconsistentes.

As cenas de sua vida foram sendo retratadas e assistidas por todos os que ali estavam, comovidos e assustados – por imaginarem que também passariam pela mesma prova.

E isso de fato aconteceu, algum tempo depois.

Entre os Mestres que os instruíam estava Epaminondas de Vigo. A esse cabia a responsabilidade de sondar os escaninhos da mente de seus discípulos, aos quais eram demonstradas as graves e repetidas infrações cometidas perante o Código Divino e os comprometimentos daí decorrentes.

O autor Camilo Cândido Botelho relata, portanto, com minúcias a sua dramática história desde o ano 33 da era cristã, em Jerusalém, expondo as suas chagas morais, em um processo de catarse, evidentemente necessária, possibilitando aos leitores questionarem-se a respeito de sua própria história pessoal, enquanto Espíritos velhos, multimilenares.

Importante destacar que, de acordo com a narrativa, antes da realização dessa sondagem dos arquivos da memória profunda, os alunos tiveram toda uma preparação, demorada e especialíssima com o Mestre Aníbal de Silas, que a princípio explanou as causas da vinda de Jesus à Terra. Em seguida, os alunos acompanharam, sob intensa emoção, o desfile das civilizações, a exposição das mais prementes necessidades humanas, como de todas as suas chagas morais, cuja repercussão no mundo íntimo de cada um dos que ali estavam assistindo era inconcebível, vista que, de imediato, sentiam-se solidários com suas paixões e infortúnios por identificá-los em si mesmos.

Aníbal apresentou-lhes, então, a figura inesquecível do Rabi da Galileia, através das suas próprias lembranças reproduzidas na tela magnética, pois tivera a ventura de ser uma das crianças que Ele acariciara e abençoara, quando observando que os Seus seguidores as repreendiam, dizendo: "Deixai vir a mim as criancinhas, que delas é o reino dos Céus..."

Aníbal amou o Mestre desde aquele momento, e quando adulto se manteve fiel aos Seus ensinamentos, dedicando-se a divulgá-los entre as crianças e os jovens, vindo a sofrer cruéis perseguições, terminando os seus dias terrenos em Roma, martirizado aos 37 anos de idade, preso a um poste, tendo o corpo embebido em resina e incendiado para que iluminasse, juntamente com outros mártires, os jardins de Nero.[122]

---
[122] - Yvone A. PEREIRA. *Memórias de um suicida*.

Assim, cada ser humano traz, no recôndito de sua alma, os indeléveis registros de sua história pessoal. Somos, portanto, autores desse incrível livro que aos poucos escrevemos, com as tintas do nosso esforço e quase sempre, por opções errôneas que fazemos, à custa de nosso suor e lágrimas, cujo enredo é a nossa saga evolutiva.

Espíritos mais elevados, evidentemente, não precisariam recorrer a esses aparelhos quando desejassem ou necessitassem extrair dos arquivos da memória as recordações do passado, pois bastaria a própria força da vontade para acionarem as energias da mente, imprescindíveis para essa finalidade.

Regressão de memória na reunião mediúnica

Durante a reunião mediúnica, quando da comunicação de Espírito necessitado, geralmente aquele bastante comprometido perante as Leis Divinas pode acontecer que lhe seja benéfica a regressão de memória para que se conscientize de sua carência íntima e de sua realidade espiritual. Nesse caso, inspirado pelos Mentores presentes, o doutrinador, avaliando a situação do comunicante, sente ser esse o melhor caminho, para tanto aplica-lhe passes no intuito de fazê-lo regredir no tempo. Essa medida terá, como é óbvio, o concurso da direção espiritual da reunião, que propiciará os recursos magnéticos para que o resultado seja alcançado.

Os procedimentos espirituais, porém, podem ter algumas variações, dependendo das condições e do empenho do grupo de encarnados. Um dos recursos mais habituais é aquele em que o comunicante vê as cenas de seu passado em "telas ou quadros fluídicos", identificando-se como personagem central e como que vivenciando as emoções e sentimentos ali expressos, pois tudo é formado por meio de suas próprias reminiscências, como que em uma "exsudação" de seu mundo interior.

Em inúmeras reuniões das quais participamos isso tem sido bastante frequente e constitui-se em poderoso auxílio para o doutrinador, enquanto que é vital para o despertamento do Espírito visitante. O interessante é que o médium, através do qual ele se manifesta (e dependendo das suas possibilidades mediúnicas), também verá as cenas projetadas, na maioria das vezes, bastante dramáticas. Outro ponto a ser considerado é que os participantes encarnados igualmente estarão contribuindo, fornecendo as energias imprescindíveis que serão coletadas e manipuladas pelos Espíritos especializados para a formação dos quadros fluídicos. Daí a imperiosa necessidade de que os tarefeiros da área da mediunidade estejam bem preparados, mantenham o amor e o respeito devidos a esses nossos irmãos enfermos, saibam manter a discrição e o equilíbrio, a fim de merecerem trabalhos cada vez mais enriquecedores e produtivos.

Convém lembrarmos que a sala mediúnica possui aparelhos instalados pela equipe espiritual, destinados, exatamente, a facilitar essas providências.

Em outros casos pode acontecer que sejam despertadas na mente do Espírito as recordações do passado. Esse procedimento dependerá, como é natural, dos Espíritos especializados nessa área, que por meio de processos magnéticos desencadeiam as lembranças pretéritas até o ponto em que julgam ser necessário. O Espírito levado à regressão assume, então, a personalidade de cada época que está sendo desvendada, em que serão localizadas as nascentes de seus sofrimentos, as suas quedas e desvios, conscientizando-se, afinal, de que não é esse o caminho da felicidade.

A regressão é sempre um impacto decisivo para a motivação dos Espíritos às mudanças no curso de suas vidas.

A respeito do assunto recomendamos os livros do ilustre escritor Hermínio Miranda, que nos apresenta o resultado de suas experiências neste campo.[123]

Terapia de vidas passadas (TVP)

A TVP tem se difundido bastante e despertado o interesse e a curiosidade de grande número de pessoas. Embora na maioria dos casos se alcancem bons resultados, tal medida não é aconselhável sob qualquer pretexto ou dificuldade que a pessoa esteja vivendo, devido aos riscos inerentes ao processo, salvo nos casos em que um profissional da área, após o estudo do problema do paciente, o recomende.

---

[123] - Livros de Hermínio C. MIRANDA que tratam desse tema: *Diálogo com as sombras*; *Histórias que os espíritos contaram*; *O exilado*; *A dama da noite* e outros.

O querido Benfeitor Dr. Bezerra de Menezes, através da psicografia de Divaldo Franco, ao ser interpelado por Miranda (Manoel Philomeno) quando analisavam o caso Aderson, que apresentava autismo avançado, se não seria recomendável a regressão de memória para o paciente, esclarece:

> A terapia de vidas passadas é conquista muito importante, recentemente lograda pelos nobres estudiosos das 'ciências da alma'. Como ocorre com qualquer terapêutica, tem os seus limites bem identificados, não sendo uma panaceia capaz de produzir milagres. Em grande número dos casos, os seus resultados são excelentes, principalmente pela contribuição que oferece, na área das pesquisas sobre a reencarnação, entre os cientistas. Libera o paciente de muitos traumas e conflitos, propiciando a reconquista do equilíbrio psicológico, para a regularização dos erros pretéritos, sob outras condições. Mesmo aí, são exigidos muitos cuidados dos terapeutas, bem como conhecimento das leis do reencarnacionismo e da obsessão, a fim de ser levado a bom termo o tratamento, nesse campo. Outrossim, nesta, mais do que nas outras terapias, a conduta moral do agente deve ser superior, de tal forma que não se venha a enredar com os consócios espirituais do seu paciente, ou que não perca uma pugna, num enfrentamento com os mesmos, que facilmente se interpõem no campo das evocações trazidas à baila... Ainda devemos considerar que cristalizações de longo período, no inconsciente, não podem ser arrancadas com algumas palavras e induções psicológicas de breve duração. Neste setor, além dos muitos cuidados exigíveis, o tempo é fator de alto significado, para os resultados salutares que se desejam alcançar.[124]

---

[124] - Divaldo P. FRANCO. *Loucura e obsessão*.

Dr. Bezerra esclarece quanto ao paciente citado, que nada seria conseguido com essa terapia, devido ao seu total alheamento ao mundo objetivo, em face de sua total ausência de respostas aos estímulos externos.

O caso Aderson será analisado neste livro, no capítulo "Autismo".

16 - Projeções telepáticas

"O pensamento exterioriza-se e projeta-se formando imagens e sugestões que arremessa sobre os objetivos que se propõe atingir."

André Luiz (*Nos Domínios da Mediunidade*)

A telepatia é a transmissão ou comunicação de pensamentos e sensações, a distância, entre duas pessoas, informa o dicionário.

Allan Kardec, em *O Livro dos Médiuns*, denomina a transmissão de pensamento de telegrafia humana, e inquirindo acerca desse potencial do ser humano aos Espíritos Superiores, estes esclareceram que essa será um dia um meio universal de correspondência, quando os homens forem mais moralizados; por enquanto está circunscrita às almas de escol.

Em *Animismo e Espiritismo*, Alexandre Aksakof define a telepatia como "... uma troca de impressões consciente ou inconsciente, entre dois centros de atividade psíquica". Esse assunto é amplamente comentado por Léon Denis, no seu magistral livro *O Problema do Ser, do Destino e da Dor*, com o sugestivo subtítulo de "Projeções Telepáticas". É importante citarmos alguns trechos desse brilhante escritor:

A telepatia, ou projeção à distância do pensamento e mesmo da imagem do manifestante, faz-nos subir mais um degrau na vida psíquica. Aqui, achamo-nos na presença de um ato poderoso da vontade. (...) A ação telepática não conhece limites; suprime todos os obstáculos e liga os vivos da Terra aos vivos do Espaço, o mundo visível aos mundos invisíveis, o homem a Deus; une-os de maneira mais estreita, mais íntima.

Os meios de transmissão que ela nos revela constituem a base das relações sociais entre os Espíritos, o seu modo usual de permutarem as ideias e as sensações. O fenômeno que na Terra se chama telepatia não é outra coisa senão o processo de comunicação entre todos os seres pensantes na Vida Superior e a oração é uma das suas formas mais poderosas, uma das suas aplicações mais elevadas e mais puras. A telepatia é a manifestação de uma lei universal e eterna.

Todos os seres, todos os corpos permutam vibrações. Os astros exercem influência através das imensidades siderais; do mesmo modo, as almas, que são sistemas de forças e focos de pensamentos, impressionam-se reciprocamente e podem comunicar-se a todas as distâncias. A atração estende-se às almas como aos astros; atrai-os para um centro comum, Centro Eterno e Divino. Uma dupla relação se estabelece. Suas aspirações sobem para ele na forma de apelos e orações. Sob a forma de graças e inspirações, descem socorros.

A telepatia é um fenômeno anímico, isto é, produzido por aptidão da própria pessoa, encarnada ou desencarnada, sem a presença de Espíritos interferindo no processo. Todavia, pode tornar-se um fenômeno mediúnico caso um desencarnado venha a intermediar a transmissão telepática. O médium Divaldo Franco tem tido inúmeras experiências nesse sentido, quando é auxiliado pelo Espírito Walter (ou, às vezes, outro apresenta-se no lugar deste) em momentos e situações em que é questionado ou levado a indicar nomes, localidades, objetos dos quais não tem o menor conhecimento. Nessa hora, Walter surge e o ajuda nas respostas, que são absolutamente certas. Vemos aí um fato mediúnico em que estão associadas a vidência e a telepatia mediúnica, que consiste na captação do pensamento do Espírito. Como é óbvio, isso exige perfeita sintonia e filtragem, além de muita segurança por parte do médium.

Leitura mental

A leitura mental pode ser considerada uma variante do processo telepático acima descrito. É muito conhecido o espetáculo apresentado em circos, auditórios e até em praça pública de duas pessoas trabalhando juntas, enquanto uma delas segura em sua mão o documento de alguém que está assistindo, a outra, de olhos vendados, de costas, passa a adivinhar, isto é, a ler ou captar o nome da pessoa, datas e números ali contidos. O telepata tem, portanto, a capacidade de captar esses dados, como em uma leitura psíquica do próprio documento ou captando da mente de seu parceiro a informação precisa.

Anota André Luiz, em *Obreiros da Vida Eterna*[125], importante caso de telepatia na modalidade de leitura mental. Trata-se do socorro prestado a Domênico, Espírito que se encontrava em plano inferior. Para que isso ocorresse houve a intercessão de Zenóbia, diretora da Casa Transitória, que era profundamente ligada a Domênico, desde vidas pretéritas.

---

[125] - Francisco C. XAVIER. *Obreiros da vida eterna.*

A Casa Transitória é um tipo de construção para movimento aéreo, mudando-se sem dificuldade de uma região para outra, conforme as circunstâncias e necessidade.

Para atender a Domênico foi organizada uma equipe da qual faziam parte André Luiz, o Assistente Jerônimo, padre Hipólito, Luciana – uma clarividente especializada em leitura mental – e outros auxiliares, sob a segura direção de Zenóbia.

Domênico fora padre em sua última reencarnação e se comprometera, gravemente, por ter se aproveitado de sua condição e dos templos religiosos para realização de propósitos menos dignos, optando por uma conduta criminosa e desequilibrada. O trajeto para o local onde ele se encontrava foi feito com muito cuidado, por ser uma região bastante difícil e trevosa, resultante das emanações mentais dos que ali se demoravam. Localizado Domênico, André Luiz observou que sua aparência denotava o desequilíbrio espiritual que o dominava, que ele descreve como "... horrível máscara de ódio e indiferença. De olhar parado no espaço, num misto de desespero e zombaria, semelhava-se a uma estátua de insensibilidade, vestida de farrapos hediondos."

Zenóbia aconchegou Domênico em seu regaço, sem que ele manifestasse qualquer reação e sem que a identificasse. Após as palavras iniciais que se seguiram à prece proferida por ela, o enfermo deu sinais que ouvia e percebia o que estava acontecendo. Era o momento oportuno para a intervenção de Luciana. Os presentes elevaram ao Alto fervorosa súplica para que a clarividente "... pudesse ver aquela consciência culpada com a eficiência precisa."

A enfermeira clarividente aproximou-se do sofredor envolvendo-o em vibrações de carinho fraterno, e após fixar o olhar em sua fronte, concentrando-se demoradamente, começou:

– Padre Domênico, vossa mente revela o passado distante e esse pretérito fala muito alto diante de Deus e dos irmãos em humanidade! Duvidais da Providência Divina, alegais que o vosso ministério não foi devidamente remunerado com a salvação e imprecais contra o Pai de Misericórdia Infinita... Vossa dor permanece repleta de blasfêmia e desespero, proclamais que as Forças Celestiais vos abandonaram ao tenebroso fundo do abismo!...

Em sequência Luciana vai, aos poucos, revelando todo o sombrio passado de crimes e desvarios que "extraía" dos arquivos profundos do Espírito enfermo. Ela narra a sua última noite na existência carnal de Domênico, quando este mais uma vez lança o seu poder de sedução sobre certa mulher casada, que cede às suas promessas; porém o marido descobre a traição e resolve se vingar. Adquire uma garrafa de precioso vinho e adiciona-lhe substância venenosa, de efeito fulminante. Espreita os passos do sacerdote e quando este retorna ao presbitério aproxima-se e, simulando ter chegado de viagem, faz-lhe uma visita, sendo, então, introduzido na sala da casa paroquial, onde está posta uma mesa bem-servida de iguarias. O vinho é oferecido, e Domênico o experimenta em grandes goles.

O efeito é quase imediato e em meio a grande sofrimento ouve o criminoso gritando por socorro, simulando dedicação e amizade. Em sua agonia é assistido por outro religioso que supõe ser ele um elevado representante de Cristo, concedendo-lhe a absolvição de todos os pecados. Ao seu lado, assistindo-lhe aos últimos momentos, o criminoso finge ser amigo dedicado e interessado em sua recuperação.

No transcurso da leitura, Luciana vê também todos os envolvidos nas torpezas por ele praticadas. A certo ponto do relato, Domênico, que aos poucos dava sinais de muita emoção, a interrompe aos gritos suplicando-lhe que parasse, dominado por intensa crise de pranto. Após longa pausa, durante a qual Zenóbia o acalma amorosamente, padre Hipólito é convocado a semear "... novas ideias no terreno consciencial arado pela dor, o que é efetuado por ele com muito desvelo."

O resgate de Domênico atinge o ápice da emoção quando dele se aproxima Ernestina, que fora sua mãe, a quem ele, em prantos, pede perdão enquanto ela o envolve amorosamente e, com palavras de esperança, restituindo-lhe a confiança em Deus, convida-o a orar, o que fazem juntos, rogando a Jesus que o perdoe e o ampare, pois se sente doente e cansado.[126]

No caso Domênico encontramos a leitura mental como procedimento necessário para o seu despertamento.

Obsessão telepática

Deve-se ressaltar que a telepatia tem por base a sintonia mental entre pessoas encarnadas e desencarnadas que pensam e vibram na mesma faixa.

---
[126] - Francisco C. XAVIER. *Obreiros da vida eterna.*

Recorremos mais uma vez a André Luiz, que relata em *Nos Domínios da Mediunidade,* psicografia de Francisco C. Xavier, um caso de dominação telepática envolvendo o casal Anésia e Jovino, este vivendo sob estranha fascinação de outra mulher.

A cena observada por André Luiz transcorria quando o casal jantava ladeado pelas três filhas. Anésia tentava envolver o esposo na conversação, mas esse se mostrava aborrecido e distante.

Após o jantar prepara-se para sair. A senhora procura despertar-lhe o interesse dizendo que um pouco mais tarde fariam as preces em conjunto, indagando se deveriam esperá-lo. De maneira sarcástica responde não ver necessidade de preces e acrescenta não ter tempo para tais pieguices. Informa que iria cuidar de negócios junto a amigos. Nesse instante, Jovino vê à sua frente surpreendente imagem de mulher, qual se fora projetada sobre ele a distância, aparecendo e desaparecendo e passando a dominar os seus pensamentos. Olha em seguida a esposa com indiferença irônica, responde com dureza às suas argumentações, no sentido de que estavam se distanciando um do outro e sai apressado, batendo a porta com estrondo. Anésia, amargurada, cai em pranto e em seus pensamentos vai dizendo que ele agora vivia de mentira em mentira e que tinha certeza de que arranjara outra mulher.

Surge, então, à cena, um pouco distante, a mesma figura de mulher e Anésia, embora não a vendo, sente-se mal e relacionando outras situações, a identifica mentalmente como perversa criatura que há tempos rondava o seu lar.

À medida que a desventurada esposa pensava em revide, a imagem projetada tornava-se mais próxima, e André Luiz a via como que materializada. As duas assumem a posição de inimigas e passam a manter verdadeira guerra mental.

O Assistente Áulus esclarece que ambas passaram a sintonizar na mesma faixa, com evidente prejuízo para Anésia, que a cada dia em que a cena se repetia era tomada de intenso mal-estar. Ressalta ainda que as contendas mentais ocorrem, muitas vezes, dentro do mesmo lar onde renascem antagonistas do passado para a imprescindível harmonização.

> Chamados pela Esfera Superior ao reajuste – explica Áulus –, raramente conseguem superar a aversão de que se veem possuídos, uns à frente dos outros, e alimentam com paixão, no imo de si mesmos, os raios tóxicos da antipatia que, concentrados, se transformam em venenos magnéticos, suscetíveis de provocar a enfermidade e a morte. Para isso, não será necessário que a perseguição recíproca se expresse em contendas visíveis. Bastam as vibrações silenciosas de crueldade e despeito, de ódio e ciúme, violência e desespero, as quais, alimentadas, de parte a parte, constituem corrosivos destruidores.[127]

E o Assistente prossegue, elucidando:

> O pensamento exterioriza-se e projeta-se, formando imagens e sugestões que arremessa sobre os objetivos que se propõe atingir. Quando benigno e edificante, ajusta-se às Leis que nos regem, criando harmonia e felicidade, todavia, quando desequilibrado e deprimente,

---

[127] - Francisco C. XAVIER. *Nos Domínios da Mediunidade.*

estabelece aflição e ruína. A química mental vive na base de todas as transformações, porque realmente evoluímos em profunda comunhão telepática com todos aqueles encarnados ou desencarnados que se afinam conosco.

Para solucionar o problema da antipatia contra nós, Áulus diz que a melhor maneira de extinguir o fogo é recusar-lhe combustível.

Sabemos que urge higienizar a nossa casa mental através de pensamentos positivos, altruísticos, não dando guarida a ideias extemporâneas que surgem à nossa mente, e que não estão de acordo com o teor habitual de nossos pensamentos. Importa não alimentar essas ideias, que irrompem concitando ao ciúme, a suspeitar dessa ou daquela pessoa (e não raro são aquelas mais amadas), à inveja e outros estados emocionais negativos.

Note-se que essas ideias têm forte conteúdo emocional objetivando, exatamente, provocar o emocional daquele que é o alvo do processo telepático. Tais pensamentos, portanto, podem traduzir mensagens telepáticas de encarnados ou desencarnados, que visam atormentar e prejudicar àqueles a quem se destina, podendo ser esse o início de um processo obsessivo de graves consequências. Os recursos para nossa autodefesa são a prece, a vigilância, a busca da vivência dos ensinamentos de Jesus, que nos manterão em faixas vibratórias mais equilibradas.

17 - Contaminação fluídica

> "Os maus pensamentos corrompem os fluidos espirituais, como os miasmas deletérios corrompem o ar respirável."
>
> Allan Kardec (*A Gênese* – c. XIV)

Contaminar, contagiar. Informa o dicionário "Aurélio"[128] que tais palavras são sinônimas e significam "transmissão de doença dum indivíduo a outro por contato; comunicar o vírus contagioso a; provocar infecção"; mas tem também o significado de "transmitir-se, comunicar-se; corromper, viciar": "Seus desregramentos contagiaram os amigos".

Em nível mental o contágio é uma realidade. Os seres humanos são altamente sugestionáveis; somos o que pensamos e "somos a soma de muitos" que pensam como pensamos.

Em nossa vida diária, da infância à fase adulta e depois à velhice, experienciamos as mais variadas mudanças em nosso modo de pensar e agir. No período infantil e na adolescência, o ser humano é muito suscetível às influenciações do meio e do grupo em que está inserido, sendo portanto, facilmente contagiado pela opinião alheia, pelos modismos que a mídia fartamente divulga, seja na moda, na música, nos hábitos, nos vícios, e muitos, quando adultos, prosseguem vivendo da mesma

---

[128] - Aurélio B. H. FERREIRA, *Novo dicionário Aurélio da língua portuguesa*.

maneira, deixando-se levar pela "onda" do momento sem se darem conta de que não têm opinião própria, nem mesmo sabem quais as suas reais preferências.

Esse processo de contágio para ficar de acordo com o que está na moda é apenas um dos ângulos da questão, vista que tudo o que o indivíduo absorve dos pensamentos e conduta dos outros, igualmente, transmite àqueles com quem convive; e nesse feedback forma-se o ambiente, o meio.

Infere-se, portanto, que o meio resulta do conjunto de pensamentos de todas as pessoas, o que em termos espíritas denominamos ambiente, quando queremos ampliar o significado de forma abrangente, incluindo a contraparte espiritual. Kardec elucida que os fluidos espirituais são a matéria do mundo espiritual.

Os fluidos são o veículo do pensamento, este atua sobre os fluidos como o som sobre o ar; "... eles nos trazem o pensamento, como o ar nos traz o som."

Esses fluidos espirituais são manipulados pelos Espíritos através do pensamento e da vontade, podendo direcioná-los como também "... os aglomeram, combinam ou dispersam, organizam com eles conjuntos que apresentam uma aparência, uma forma, uma coloração determinadas"; podendo ainda mudar as suas propriedades, combinando-os segundo certas leis. Isso nos leva a deduzir que as emissões mentais modificam, alteram as condições desses fluidos de acordo com a pureza ou impureza dos pensamentos e sentimentos. O Codificador assinala: "Os maus pensamentos corrompem os fluidos espirituais, como os miasmas deletérios corrompem o ar respirável."

Isso também vigora na esfera dos encarnados, assim o pensamento destes interfere na ambiência espiritual, conforme o teor negativo ou positivo da emissão mental.

Figuremos a nossa mente como uma usina gerando energia constantemente. A qualidade dessa energia dependerá do teor de nossos pensamentos e de sentimentos que os revestem, e irão contaminar aqueles que estão no mesmo padrão vibratório, tais quais os vírus da gripe que são transmitidos e se propagam através da respiração, os quais afetarão os que estiverem com baixas defesas imunológicas.

Alerta-nos Emmanuel que, sem perceber, "... ingerimos pensamentos a cada instante" em um constante processo de afinidade, associação e sintonia, verdadeiramente, fantásticos, embora não estejamos cônscios disso.

Sob esse prisma todos estamos sujeitos a contágios os mais diversos, seja por esses processos mentais, seja porque "... sendo o nosso perispírito de natureza idêntica à dos fluidos espirituais, ele os assimila com facilidade, como uma esponja se embebe de um líquido." Se o ambiente está saturado de maus fluidos o encarnado os absorve pelos poros perispíriticos, tal como acontece com o corpo que absorve os miasmas pestilenciais.

Tal é a razão de nos sentirmos mal em certos ambientes, enquanto que em outros a nossa impressão é a de um ambiente agradável, exatamente por se encontrarem ali pessoas com as que nos afinamos e que pensam como nós.

Ressalta Kardec que "... o pensamento, portanto, produz uma espécie de efeito físico que reage sobre o moral, fato este que só o Espiritismo podia tornar compreensível."[129]

---

[129] - Allan KARDEC. *A gênese*.

Denominamos de psicosfera o imenso conjunto de pensamentos de toda a população do nosso Planeta, e esse ambiente psíquico/espiritual denota o estágio moral da Humanidade que o habita. Mas, em âmbito menor temos a psicosfera de um país, de uma cidade, de um lar e a que é pessoal a cada um de nós.

Os monstros do pensamento

Conforme registramos na primeira parte, relativamente às formas-pensamento, nossas criações mentais adquirem vida momentânea enquanto as estivermos vitalizando. No momento, grande parte da Humanidade terrena ainda se encontra presa das paixões inferiores, o que levou Emmanuel a compará-la, considerando-a em seus padrões mentais, a uma "... floresta escura, povoada de monstruosidades". Vejamos a comparação feita por ele:

> Se nos fundamentos evolutivos da organização planetária encontramos os animais pré-históricos, oferecendo a predominância de peso e ferocidade sobre quaisquer outros característicos, nos alicerces da civilização do Espírito ainda perseveram os grandes monstros do pensamento, constituídos por energias fluídicas, emanadas dos centros de inteligência que lhes oferecem origem. Temos assim, dominando ainda a formação sentimental do mundo, os mamutes da ignorância, os megatérios da usura, os iguanodontes da vaidade ou os dinossauros da vingança, da barbárie, da inveja ou da ira.[130]

---

[130] - Francisco C. XAVIER. *Roteiro*.

Ao pensar e agir com desequilíbrio o ser humano torna-se agente poluidor da psicosfera onde vive e se movimenta, cujo resultado é a poluição mental que, conforme dizem os Benfeitores Espirituais, está atingindo níveis alarmantes.

Quando tanta gente pensa, unicamente, nas satisfações dos seus instintos mais primitivos; quando tantos querem ser livres escravizando outros seres humanos; quando muitos batalham pela legalização do aborto, da eutanásia, da pena de morte; quando os promotores da violência a expandem por toda parte, agindo com crueldade e sem o mínimo respeito pela vida humana; quando os vícios de toda sorte são propagados como moda e opção de vida; quando incalculável número de pessoas dedicam grande parte de seu dia para conversações negativas e degradantes não é difícil entender porque Emmanuel afirma que no mundo "... ainda perseveram os grandes monstros do pensamento."

André Luiz, por sua vez, relata o que presenciou quando volitava em uma via pública em companhia de seu companheiro Vicente, sob a orientação do Instrutor Espiritual Aniceto, tendo este chamado atenção de ambos para certas manchas escuras sobre a região:

> São nuvens de bactérias variadas. Flutuam, quase sempre também, em grupos compactos, obedecendo ao princípio das afinidades. Reparem aqueles arabescos de sombra... (disse Aniceto indicando certos edifícios e outros locais).
> Observem os grandes núcleos pardacentos ou completamente obscuros!... São zonas de matéria mental inferior, matéria que é expelida incessantemente por certa clas-

se de pessoas. Se demorarmos em nossas investigações, veremos igualmente os monstros que se arrastam nos passos das criaturas, atraídas por elas mesmas... Tanto assalta o homem a nuvem de bactérias destruidoras da vida física, quanto as formas caprichosas das sombras que ameaçam o equilíbrio mental.[131]

Infecções fluídicas

Em sequência ao texto acima, André Luiz solicita a Aniceto maiores esclarecimentos, interrogando-o a respeito da matéria mental emitida pelo homem inferior, se essa tem vida própria como as bactérias que produzem as enfermidades corporais. O Mentor responde afirmativamente, lembrando que o Espírito encarnado vive em um aparelho psicofísico havendo, portanto, doenças do corpo material e aquelas que acometem o psiquismo.

Aprofundando o tema, esclarece:

> Ora, se temos a nuvem de bactérias produzidas pelo corpo doente, temos a nuvem de larvas mentais produzidas pela mente enferma, em identidade de circunstâncias. Desse modo, na esfera das criaturas desprevenidas de recursos espirituais, tanto adoecem corpos, como almas. No futuro, por esse mesmo motivo, a medicina da alma absorverá a medicina do corpo.

---

[131] - Francisco C. XAVIER. *Os mensageiros*.

Este tema será retomado por André Luiz no livro *Missionários da Luz*, quando recebe do Orientador Espiritual Alexandre esclarecimentos acerca do vampirismo e da questão relacionada com a patogênese da alma, advertindo que os estados íntimos afetam profundamente a criatura. Assim, a cólera, os desequilíbrios do sexo e a conduta viciosa formam criações inferiores que acabam por lesar a mente, tornando-a enferma.

Diante dessas explicações, André Luiz indaga como ocorrem os processos mórbidos de ascendência psíquica e se há possibilidade de contágio. O Orientador Espiritual Alexandre, atenciosamente, discorre acerca do assunto:

> Você está observando o setor das larvas (mentais) com justificável admiração. Não tenha dúvida. Nas moléstias da alma, como nas enfermidades do corpo físico, antes da afecção existe o ambiente. As ações produzem efeitos, os sentimentos geram criações, os pensamentos dão origem a formas e consequências de infinitas expressões. E, em virtude de cada Espírito representar um universo por si, cada um de nós é responsável pela emissão das forças que lançamos em circulação nas correntes da vida. A cólera, a desesperação, o ódio, o vício, oferecem campo a perigosos germes psíquicos na esfera da alma. E, qual acontece no terreno das enfermidades do corpo, o contágio aqui é fato consumado, desde que a imprevidência ou a necessidade de luta estabeleçam ambiente propício, entre companheiros do mesmo nível.[132]

Na obra mediúnica de Divaldo Franco, encontramos diversas referências às larvas mentais, citadas, especialmente,

---

[132] - Francisco C. XAVIER. *Missionários da luz*.

por Manoel Philomeno de Miranda e João Cléofas com a denominação de vibriões. Vejamos no texto a seguir, quando João Cléofas explana sobre a importância da sala mediúnica, comparando-a a laboratório de experiências transcendentais e socorros espirituais, e menciona os reagentes mentais que saneiam o ambiente, preparando-o para as tarefas ali realizadas.

> Utilizemo-nos dos componentes da reação moral elevada contra os invasores microbicidas das regiões inferiores da vida.
> Vibriões elaborados por mentes viciosas, corpos estranhos produzidos por Entidades perversas, ideoplastias formuladas por fixações negativas constituem fantasmas perturbadores que invadem a esfera do serviço, muitas vezes impossibilitando as realizações nobilitantes do trabalho. (...)
> Em qualquer ambiente em que se procedem a tais experiências vitais, o contágio desta ou daquela natureza, seja no campo da inoculação de formas vivas perniciosas à existência, seja da exteriorização deletéria de pensamentos destrutivos, consegue danificar os mais respeitáveis programas, desde que nos não encontremos devidamente forrados para investir nesse campo árduo, fomentando as produções relevantes.[133]

Cléofas ainda recomenda que sejam usados o labor asséptico da prece, o pensamento reto e otimista, a reflexão em torno da sagrada finalidade da vida, como recursos que propiciam os reagentes mentais que anulam tais formas-pensamento.

---

[133] - Divaldo P. FRANCO. *Depoimentos vivos*.

Linchamento

O contágio através de ideias nocivas que são lançadas nas mentes incautas e invigilantes, sintonizadas com vícios e desequilíbrios de toda sorte, a contaminação fluídica decorrente dessas elaborações mentais perturbadoras encontram-se presentes, e em plena força de expansão nas lamentáveis cenas de linchamentos. Encontramos no caso Ludgério, narrado por Manoel Philomeno de Miranda, um exemplo disso.

Explica o Autor Espiritual que Ludgério tornou-se um dependente do alcoolismo desde cedo, induzido por inimigos desencarnados, mergulhando em uma vida bastante viciosa, frequentando ambientes sórdidos, provocando brigas que, com frequência, o levaram ao cárcere. Certa vez, porém, foi atendido em um Centro Espírita, período em que se manteve sóbrio, entretanto, de pouco valeram os ensinamentos que ouviu e o tratamento espiritual que lhe foi ministrado. Infelizmente, para ele o processo obsessivo, com características de vampirização, do qual era vítima estava muito avançado, assim desistiu de tudo voltando aos desregramentos habituais.

Certo dia, acometido de uma crise de loucura, esfaqueou por repetidas vezes um companheiro embriagado, cena essa presenciada por várias pessoas frequentadoras do mesmo local, que tomadas de ira e inspiradas pelos cruéis perseguidores, atiraram-se sobre ele, grupo esse acrescido pelos transeuntes atraídos pela balbúrdia, que aderiram ao massacre sem que ninguém interferisse, ocasionando a morte de Ludgério.[134]

---

[134] - Divaldo P. FRANCO. *Tormentos da obsessão*.

É inegável que as hordas de Espíritos infelizes, atormentados e atormentadores, procuram contagiar as pessoas com pensamentos e ideias nefastas, sempre visando manter os vícios, semeando o ódio, a ideia de vingança, para que se estabeleça a decadência dos valores que levam ao caos moral entre os seres humanos, o que os favorecem, pois se locupletam dessas emanações degradantes. A par disso, envolvem aqueles que se lhes tornam os alvos prediletos, com suas vibrações desarmônicas, contaminando-os, fluidicamente, com suas auras deletérias, com as quais tais criaturas se afinam por sintonia de pensamentos, desejos e preferências. Essas almas, segundo o Benfeitor Espiritual Alexandre, "... têm vocação para o abismo."

Uma contaminação fluídica grave e que oferece perigo para os encarnados é registrada no livro *Memórias de um Suicida*, quando o autor Camilo Cândido Botelho e seus companheiros, em prosseguimento ao aprendizado que lhes era imprescindível por serem suicidas, visitam o manicômio, setor onde permaneciam internados os Espíritos de suicidas, cujo estado mental era muito grave, impossibilitando-os de raciocinar normalmente.

Foi explicado pelo Irmão João, que dirigia este departamento da Colônia "Legião dos Servos de Maria", que os que ali estavam eram considerados os casos de maior gravidade. Esclareceu que embora os enfermos não se apresentassem agressivos, a aproximação de um deles junto a encarnados resultaria extremamente danosa, conforme é explanado no trecho a seguir:

Seus deploráveis estados vibratórios, rebaixados a nível superlativo de depressão e inferioridade, são de tal sorte prejudiciais que, se se aproximassem de um homem encarnado, junto dele permanecendo vinte e quatro horas, e se esse homem, ignorante em assuntos psíquicos, lhes oferecesse analogias mentais, prestando-se à passividade para o domínio das sugestões, poderia suceder que o levassem ao suicídio, inconscientes de que o faziam, ou o prostrassem gravemente enfermo, alucinado, mesmo louco! Junto a uma criança poderão matá-la de um mal súbito, se o pequenino ser não tiver ao redor de si alguém que, por disposições naturais, para si atraia tão perniciosas irradiações, ou uma terapêutica espiritual imediata, que o salvaguarde do funesto contágio, que, no caso, será o efeito lógico de uma peste que se propagou.[135] (...)

Diante desses quadros tão dolorosos alguém poderá perguntar: "E a Misericórdia Divina, por que permite coisas desse tipo?" Esse foi o questionamento de André Luiz, nas obras retrocitadas, como também o faz Philomeno de Miranda, para esclarecer aos leitores, em alguns momentos de suas obras; e assim procede o grupo de suicidas, ao se inteirarem dessas possibilidades de contaminação.

É oportuno transcrevermos a resposta do Irmão João, deveras esclarecedora. Inicialmente, ele se refere à Lei da Divina Providência, que estatuiu e preconizou o Bem e o Belo como padrões supremos para a harmonia do Universo. Quando o homem, por sua imperfeição, distancia-se desses princípios e envereda por atalhos opostos, arca com a responsabilidade pelas

---

[135] - Yvone A. PEREIRA. *Memórias de um suicida*.

infrações cometidas perante as Leis Divinas e por toda a desarmonia em que permanecer enredado. Como é óbvio, isso acontece devido à inferioridade dos habitantes desse planeta, cuja Humanidade está ainda no patamar de provas e expiações.

Em relação à criança, é preciso lembrar, que sendo o seu organismo bastante delicado, é mais suscetível às agressões vibratórias, como igualmente ocorre em qualquer outra circunstância negativa a que esteja exposta, o que poderá ocasionar-lhe danos físicos, psíquicos e até mesmo a morte. Mas, em contrapartida, não faltam meios de defesa para livrar as criaturas desse e de outros infortúnios. Deixamos a palavra com o Irmão João, que discorre muito bem a respeito dos processos de defesa.

> Através da higienização mental, no reajustamento dos sentimentos à prática do verdadeiro Bem, assim como no cumprimento do Dever; nas harmoniosas vibrações originadas da comunhão da mente com a Luz que do Alto irradia em tonos de beneficência para aqueles que a buscam, poderá a individualidade encarnada imunizar-se de tal contágio, assim como o homem se imuniza de males epidêmicos, próprios do físico-terrestre, com as substâncias profiláticas apropriadas à organização carnal, isto é, vacinas. (...) Em se tratando de um vírus psíquico, é claro que o antídoto será análogo, harmonizado em energias opostas, também psíquicas. (...) Por nossa vez, existindo na Lei que orienta a Pátria Invisível, ordens perenes para que calamidades de tal vulto sejam evitadas o mais possível, todos os esforços empregamos a fim de bem cumpri-las, constituindo dever sagrado, para nós, o preservarmos os homens em geral, e a criança em particular, de acidentes dessa natureza.[136]

---

[136] - Yvone A. PEREIRA. *Memórias de um suicida*.

18 - Como agem os obsessores

"... as imperfeições morais dão azo à ação dos Espíritos obsessores."

Allan Kardec (*O Livro dos Médiuns*)

"Apenas seremos atingidos nas fraquezas que necessitamos fortalecer."

Joanna de Ângelis (*Após a Tempestade*)

Não nos deixes cair em tentação

Tentações. Quem não as tem? Nessa ou naquela circunstância, momento ou oportunidade, alguma dessas pode surgir e, de repente, crescer, dominar, impor-se à vontade, à voz da consciência e submeter tudo ao comando do desejo, não importando mais se é um erro, um passo em falso, uma cilada, um vício, um prejuízo... Tantas coisas. E lá está a pessoa, por ora presa irremediável da sua tentação, que se transforma em ação, enquanto escreve o seu futuro.

Desejos, preferências, tendências, vocações, conquistas, quedas, vitórias constituem o arquivo de nossas almas. Desse arquivo fantástico ressumam, conforme o momento, as tentações.

As tentações fazem parte do universo pessoal de cada ser humano e são inerentes ao exercício evolutivo. São como obstáculos em nosso trajeto, que iremos transpondo gradualmente, no uso de nosso livre-arbítrio, ao tempo em que nos fortalecemos a cada nova conquista.

Na prece *Pai Nosso* Jesus nos alerta quanto às tentações. O Mestre ressalta assim o caráter universal da prece e ensina que devemos rogar forças ao Pai para vencê-las.

Depreende-se, portanto, que as tentações nascem de nossas imperfeições, das falhas de nosso caráter.

Tentando a tentação

Nossas imperfeições morais abrem campo ao assédio de Espíritos interessados em nos obstar a caminhada evolutiva, seja por dívidas contraídas em passado próximo ou remoto, seja pelo prazer de perturbar e fazer sofrer aqueles que não pensam como eles.

Pessoas que não cultivam vícios e que se propõem a acertar mais e a errar menos podem se tornar alvos desses Espíritos malfazejos, que se comprazem nesses assédios, visando engrossar as fileiras dos desequilibrados, sustentados que são por suas emanações vibratórias, em um autêntico processo de vampirização. Contudo, só lograrão êxito se tais pessoas, embora as boas intenções, não forem capazes de resistir às suas investidas, deixando-se levar por ideias negativas, aderindo a certo tipo de conduta perniciosa. Por outro lado, as dívidas contraídas são brechas morais que facilitam a cobrança do Espírito vingador, que se coloca à espreita visando a melhores resultados em seu plano de ação.

Para alcançar seus intentos precisa conhecer o ponto mais vulnerável do caráter de sua futura vítima, vista que é exatamente nessa imperfeição predominante que irá atuar, pois percebe, de imediato, a fragilidade ali existente.

Todos temos certa tendência, certa fraqueza que sentimos necessidade de combater e para tal cercamo-nos de precauções, quando cônscios disso, a fim de evitar quedas nesse campo secreto do nosso Eu.

Identificado o ponto fraco, o obsessor cuidará de instigá-lo para que se torne uma ideia fixa e obsidente. Esse é um dos processos utilizados pelos obsessores, registrado por André Luiz, no capítulo VIII do livro *Ação e Reação*.[137]

A estratégia é explicada pelo Espírito Leonel, que diz tê-la aprendido nas escolas dos vingadores – organizações mantidas por entidades criminosas, homiziadas, temporariamente, nos planos inferiores. Essa tendência é denominada por eles de "desejo-central" e caracteriza o reflexo dominante da personalidade. Ele acrescenta que a crueldade reflete o criminoso, a cobiça é o reflexo do usurário, a maledicência do caluniador, a irritação é o reflexo do desequilibrado, o escárnio é o reflexo do ironista, tanto quanto a elevação moral é o reflexo do santo.

Conhecido o reflexo da criatura, os obsessores passam a superalimentá-la com excitações constantes, fortalecendo os quadros já existentes na imaginação, e ao mesmo tempo criando outros para que se estabeleça a fixação mental, o que se dá

---

[137] - Francisco C. XAVIER. *Ação e reação*.

por repetição constante, em verdadeira hipnose. E Leonel conclui dizendo que: "... a obsessão não passa de um estado anormal da mente, subjugada pelo excesso de suas próprias criações a pressionarem o campo sensorial, infinitamente acrescidas de influência direta ou indireta de outras mentes desencarnadas ou não, atraídas por seu próprio reflexo."

Finalizando a explicação, acrescentou: "... – Cada um é tentado exteriormente pela tendência que alimenta em si próprio."

Nossas tendências expressam o que existe em nosso mundo íntimo, e é exatamente nesse campo que começam a surgir as tentações. Muitos não se dão conta disso e preferem declarar, como desculpa, que são os instintos, que a carne é fraca, que é da natureza humana etc.

O Orientador Espiritual Emmanuel, desdobrando o ensinamento do Mestre vigiai e orai, para não cairdes em tentação, afirma que "... as mais terríveis tentações decorrem do fundo sombrio de nossa individualidade, assim como o lodo mais intenso, capaz de tisnar o lago, procede do seu próprio seio."[138]

Joanna de Ângelis, na frase que colocamos em epígrafe, enfatiza como fortalecer as fraquezas que nos são próprias. Vale a pena repeti-la para melhor meditarmos a respeito: "... Apenas seremos atingidos nas fraquezas que necessitamos fortalecer.[139]

Sabemos, pela Doutrina Espírita, que o Espírito não retroage, portanto, as aquisições positivas, as vitórias contra as imperfeições sedimentam no seu mundo interior conquistas

---

[138] - Francisco C. XAVIER. *Fonte viva*.
[139] - Divaldo P. FRANCO. *Após a tempestade*.

perenes que passam a integrar-lhe a individualidade. Entretanto, aqueles pontos fracos ou imperfeições que ainda não foram vencidos passarão por testes, imprescindíveis ao processo evolutivo. Exemplificando: a pessoa que já venceu o vício do roubo, ao se defrontar com grande quantia perdida, ou com joias de grande valor, não sentirá a tentação de tirar algum proveito, de esconder alguma parte ou tudo, e de imediato, irá procurar os meios legais para devolvê-las. Se, porém, começar a imaginar que ninguém está vendo, que todo mundo ficaria com o achado, se começar a pensar que está passando necessidades e que afinal de contas merece aquilo, mas ao mesmo tempo começa a pensar que não seria honesto, que aprendeu a não roubar, que mais vale ter a consciência tranquila e, nessa luta íntima, consegue vencer a tentação e não se apropria de coisa alguma – nesse caso, a fraqueza ou tendência que estava passando pelo teste é vencida e a pessoa se fortalece nesse ponto.

Em caso contrário, se deixa dominar pela tentação e, rapidamente, esconde o que não lhe pertence, julgando-se um grande felizardo, está claro que ainda não superou tal imperfeição. Isso ocorre em muitos campos de nossa vida, pois somos testados em nossos defeitos morais, que são pontos fracos de nosso caráter até conseguirmos a vitória, essencial para nosso crescimento espiritual.

Emmanuel adverte:

> Não te proponhas, desse modo, atravessar o mundo sem tentações. Elas nascem contigo, assomam de ti mesmo e alimentam-se de ti, quando não as combates, dedicadamente, qual o lavrador sempre disposto a cooperar com

a terra da qual precisa extrair as boas sementes. Caminhar do berço ao túmulo, sob as marcas da tentação, é natural. (...)
Entretanto, lembremo-nos do ensinamento do Mestre, vigiando e orando, para não sucumbirmos às tentações, de vez que mais vale chorar sob os aguilhões da resistência que sorrir sob os narcóticos da queda.[140]

Resistir, vigiando e orando – eis o passo decisivo para a vitória contra o Eu.

Examinando o processo obsessivo

Para entendermos um pouco dos meandros do processo obsessivo, vamos recorrer aos Orientadores Espirituais André Luiz e em seguida a Manoel Philomeno de Miranda.

Começamos com o livro *No Mundo Maior*[141] que apresenta, entre tantos pontos de suma importância, preciosas instruções em seus capítulos iniciais, que iremos enfocar.

Em companhia do Instrutor Calderaro, André Luiz é convidado a examinar, em certo hospital, o caso de um doente terminal que estava, estreitamente, ligado a um Espírito em míseras condições de inferioridade e sofrimento. O doente apresentava forte tensão nervosa, não percebendo a presença do obsessor de sinistro aspecto. Pareciam visceralmente ligados, tal a quantidade de fios tenuíssimos que mutuamente os

---

[140] - Francisco C. XAVIER. *Fonte viva*.
[141] - Idem. *No mundo maior*.

entrelaçavam, desde o tórax até a cabeça, como se fossem prisioneiros de uma rede fluídica. André Luiz observou que os pensamentos, emoções e sentimentos eram permutados entre ambos, pois, espiritualmente, estavam bastante identificados entre si. A entidade não se dava conta da presença de Calderaro e de André Luiz, em virtude do grosseiro padrão vibratório em que se mantinha, enquanto fixava o doente, como um felino vigiando a presa.

O Instrutor Espiritual passou, em seguida, a explicar as causas do drama que estava sendo analisado, cujo início ocorrera há vinte anos. Por essa época, o atual verdugo era dono de uma casa comercial, sendo patrão e tutor daquele que hoje é o enfermo, que para ele trabalhava desde a infância. Vindo a maioridade, o empregado passou a exigir do chefe o pagamento de vários anos de serviço. Negou-se o patrão, mencionando que o criara como filho e que lhe daria vantajosa posição nos negócios, mas não pagaria nada relativamente ao passado. O jovem enfureceu-se e instalou-se a discussão e, no auge da ira, o assassinou, dominado por selvagem fúria. Antes de fugir do local, o criminoso tirou do cofre a importância que se supunha de direito, deixando ali o restante, uma regular fortuna para despistar a polícia.

Na manhã seguinte, fingindo preocupação ante as portas cerradas, chamou a polícia para que abrisse a loja, quando foi constatado o crime. O assassino fingiu profunda comoção e tomou todas as providências, protegendo também a viúva e os filhos do falecido, que, em razão dos seus cuidados, receberam substanciosa herança.

Logo depois, o antigo empregado mudou-se para outra cidade e ali se instalou, aplicando os recursos em atividades lucrativas. Mais tarde, casou-se com uma jovem, cujo padrão espiritual era bem mais elevado do que o seu, e com ela teve cinco filhos.

Conseguiu enganar a justiça terrena, mas jamais teve sossego, pois a sua vítima, do outro lado da vida, passou a nutrir ideias de vingança, em processo contínuo de perseguição espiritual. Isso o levava a crises depressivas e a constantes pesadelos, embora a esposa o cercasse de afeição e cuidados. A dor do remorso era-lhe verdadeiro suplício e, aterrorizado pelas recordações, buscava algum alívio no trabalho, entretanto, desgastava-se em duelos com o perseguidor invisível nas horas de sono. Em consequência, provocou o desequilíbrio da organização perispiritual, o que se refletiu na zona motora, implantando-se o caos orgânico.

Esse era o drama consciencial em que vivia o enfermo há longos anos.

A convite de Calderaro, André Luiz examina, atentamente, o cérebro dos dois envolvidos no processo obsessivo. Refere-se o Instrutor à patologia do Espírito e apresenta belos e profundos ensinamentos acerca do cérebro e da casa mental, que apresentamos na primeira parte deste livro.[142]

---

[142] - Francisco C. XAVIER. *No mundo maior*.

Química espiritual

Destacamos, porém, um ponto, extremamente, importante da explanação de Calderaro, relacionado com a química espiritual e que nos interessa com vistas ao modo de ação desses nossos irmãos perseguidores.

Ele menciona que, assim como existe a química fisiológica, existe também a química espiritual, tal como a orgânica e a inorgânica e que há extrema dificuldade em lhe definir o ponto de ação independente e em lhe determinar a fronteira divisória. E é enfático ao afirmar que mesmo o Espírito mais sábio não poderia localizar o ponto onde termina a matéria e onde começa o Espírito. Acresce que no corpo físico as células se diferenciam de maneira surpreendente. Apresentam determinadas características no fígado, outras nos rins e outras no sangue – é a química orgânica.

No cérebro, porém, inicia-se o império da química espiritual. Os elementos celulares são aí dificilmente substituíveis, porque o trabalho da alma requer fixação, aproveitamento e continuidade. O estômago, por exemplo, não necessita recordar que alimento lhe foi dado a elaborar na véspera. O órgão de expressão mental, contudo, reclama personalidades químicas de tipo sublimado, por se alimentar de experiências que devem ser registradas, arquivadas e lembradas, sempre que oportuno e necessário.

O Instrutor, aprofundando em suas explicações, refere-se ao princípio espiritual, ampliando-nos o raciocínio:

> ... o princípio espiritual, desde o obscuro momento da criação, caminha sem detença para a frente. Afastou-se do leito oceânico, atingiu a superfície das águas protetoras, moveu-se em direção à lama das margens, debateu-se no charco, chegou à terra firme, experimentou na floresta copioso material de formas representativas, ergueu-se do solo, contemplou os céus e, depois de longos milênios, durante os quais aprendeu a procriar, alimentar-se, escolher, lembrar e sentir, conquistou a inteligência. (...) Viajou do simples impulso para a irritabilidade, da irritabilidade para a sensação, da sensação para o instinto, do instinto para a razão. Nessa penosa romagem, inúmeros milênios decorreram sobre nós. Estamos, em todas as épocas, abandonando esferas inferiores, a fim de escalar as superiores. O cérebro é o órgão sagrado de manifestação da mente, em trânsito da animalidade primitiva para a espiritualidade superior.[143]

Calderaro chama atenção de André Luiz para vários aspectos do processo obsessivo em exame, destacando que ali estavam dois enfermos, um encarnado e outro desencarnado, ambos com o cérebro intoxicado e sintonizados integralmente, apresentando em comum o fato de detestarem a vida, de se odiarem reciprocamente, cultivando ideias de tormento, de aflição e de vingança. O encarnado, em fuga da recordação e do remorso, arruinou os centros motores, desorganizando também o sistema endócrino e os órgãos vitais. O desencarnado, por sua vez, converteu todas as energias em alimento da ideia de vingança, acolhendo-se ao ódio em que se manteve foragido da razão e do altruísmo. Outra seria a situação se ambos houvessem esquecido a queda, perdoado mutuamente, reerguendo-se por meio do trabalho e do entendimento fraternal.

---

[143] - Francisco C. XAVIER. *No mundo maior.*

Vejamos agora como André Luiz esclarece alguns outros pontos da ação dos obsessores no livro de sua autoria, *Evolução em Dois Mundos*[144], capítulo XV. Ele denomina o processo de infecções fluídicas. Chamamos atenção dos leitores a respeito deste item do citado livro, que dá continuidade ao tema química espiritual.

Logo de início, André Luiz menciona que os perseguidores atormentam a vítima sobrexcitando-lhe a imaginação com quadros mentais monstruosos, operando perturbações que podem ser classificadas como infecções fluídicas e, dependendo da intensidade desse procedimento, da dívida existente, das fraquezas de caráter e da não reação da pessoa visada, pode haver "... o colapso cerebral com arrasadora loucura."

Detalhando um pouco mais, o Autor Espiritual André Luiz afirma que os perseguidores:

> ... após se inteirarem dos pontos vulneráveis de suas vítimas, segregam sobre elas determinados produtos, filiados ao quimismo do Espírito, e que podemos nomear como simpatinas[145] e aglutininas mentais[146], produtos esses que, subrepticiamente, lhes modificam a essência dos próprios pensamentos a verterem, contínuos, dos fulcros energéticos do tálamo, no diencéfalo.

Note-se que André Luiz está se referindo a processos mentais, ressaltando em seguida que:

---

[144] - Idem. *Evolução em dois mundos*.
[145] - Simpatinas – Substância semelhante à adrenalina, produzida nos terminais nervosos do simpático. Termo usado como analogia.
[146] - Aglutininas – Substância que faz com que as bactérias e os glóbulos sanguíneos se aglutinem. Termo usado como analogia.

> ... os verdugos comumente senhoreiam os neurônios do hipotálamo acentuando a própria dominação sobre o feixe amielínico que o liga ao córtex frontal, controlando as estações sensíveis do centro coronário que aí se fixam para o governo das excitações, e produzem nas suas vítimas, quando contrariados em seus desígnios, inibições de funções viscerais diversas, mediante influência mecânica sobre o simpático e o parassimpático.

Todas essas técnicas obsessivas, até aqui mencionadas, encontram em Manoel Philomeno de Miranda, na palavra do Instrutor espiritual Dr. Ignácio Ferreira, o desdobramento altamente esclarecedor, que muito nos interessa, conforme citamos em seguida.

> ... a obsessão, instala-se nos painéis mentais através dos delicados tecidos energéticos do perispírito até alcançar as estruturas neurais, perturbando as sinapses e a harmonia do conjunto encefálico. Ato contínuo, o quimismo neuronial se desarmoniza, face à produção desequilibrada de enzimas que irão sobrecarregar o sistema nervoso central, dando lugar aos distúrbios da razão e do sentimento.
> Prosseguindo em seus esclarecimentos, Dr. Ignácio Ferreira acrescenta que a incidência da energia mental do obsessor sobre o paciente invigilante irá alcançar, mediante o sistema nervoso central, alguns órgãos físicos que sofrerão desajustes e perturbações. Em casos mais graves implantam células acionadas por controle remoto, que passam a funcionar como focos destruidores da

arquitetura psíquica, irradiando e ampliando o campo vibratório nefasto, atingindo outras regiões do encéfalo, prolongando-se pela rede linfática a todo o organismo, afetando-o e ocasionando danos.[147]

Observemos com atenção redobrada o que Dr. Ignácio Ferreira ressalta a seguir:

> Quando de suas graves intervenções no psiquismo dos seus hospedeiros, suas energias deletérias provocam taxas mais elevadas de serotonina e noradrenalina, produzidas pelos neurônios, que contribuem para o surgimento do transtorno psicótico maníaco-depressivo, responsável pela diminuição do humor e desvitalização do paciente, que fica ainda mais à mercê do agressor. É nessa fase que se dá a indução ao suicídio, através de hipnose contínua, transformando-se em verdadeiro assassínio, sem que o enfermo se dê conta da situação perigosa em que se encontra. (...) Não poucas vezes, quando incorre no crime infame da destruição do próprio corpo, foi vitimado pela força da poderosa mentalização do adversário desencarnado.

Dr. Ignácio Ferreira aduz:

> ... que haverá para esse desditoso Espírito "atenuantes", em razão do processo malsão em que se deixou encarcerar, não obstante as divinas inspirações que não cessam de ser direcionadas para as criaturas e as advertências que chegam de todo lado, para o respeito pela vida e sua consequente dignificação.

---

[147] - Divaldo P. FRANCO. *Tormentos da obsessão*.

19 - Alucinações espirituais

"A cada um segundo as suas obras."

Jesus

Delírios, alucinações, visões aterradoras acometem as pessoas tanto no plano físico quanto na vida espiritual, decorrentes de certas patologias mentais, cujas origens estão no Espírito. Crimes, violência em todas as suas facetas, praticadas pelos encarnados resultam em pesados gravames após a desencarnação.

Dependendo dos níveis de crueldade, do prolongado estágio nessas ações nefastas, do desrespeito às Leis Divinas serão as consequências no outro lado da vida. O próprio Mestre Jesus nos alertou: A cada um segundo as suas obras, e dessa magna lei ninguém conseguirá se evadir, mesmo porque as infrações cometidas ficam registradas nos arquivos da alma e, conforme a gravidade, produzem profundas distonias e lesões no perispírito, cujo peso específico terá a mesma correspondência, o que determina, por afinação, a região inferior que lhe será o "habitat".

O pesado fardo dos crimes cometidos, cedo ou tarde, produzirá efeito mental devastador que afetará profunda e, dolorosamente, o seu autor. É nesse momento que surgem, ainda no plano espiritual, as alucinações produzidas pela cobrança da própria consciência, pois as cenas de violência cometidas contra outrem passarão a se reproduzir, constantemente, atormentando a criatura que desejará livrar-se dessas fixações sem lograr êxito.

Espíritos que estejam com esses graves comprometimentos, quando encaminhados à reencarnação, poderão apresentar em certa fase da vida física sérias perturbações mentais, decorrentes desse passado, que no presente ressumam em forma de alucinações, ideias fixas terríveis, que assustam e deprimem a própria pessoa, pois essa talvez já esteja propensa a uma transformação e a novos e saudáveis hábitos. Entretanto, outros que ainda se comprazem no mal, deixam-se envolver pelos próprios delírios permanecendo na mesma faixa vibratória, até que, inquietos, cansados e angustiados, despertem para as realidades da Vida Maior.

A obra psicográfica dos médiuns Francisco Cândido Xavier, Divaldo P. Franco e Yvonne A. Pereira, especialmente, apresentam vários casos em que estão presentes as alucinações.

Mefistófeles

Abordaremos a seguir o dramático caso em que serão atendidos dois Espíritos, Honório e Augusto, este fazendo-se passar por Mefistófeles, conforme narra o querido amigo espiritual Manoel Philomeno de Miranda.

A ação se passa no Sanatório Esperança, fundado e dirigido pelo venerável Eurípedes Barsanulfo, que tem ao seu lado outros Benfeitores Espirituais como o Dr. Ignácio Ferreira e a Srª. Maria Modesto Cravo.

Narra Miranda que foi conduzido pelo Dr. Ignácio Ferreira a uma enfermaria onde se encontravam diversos pacientes que apresentavam graves desequilíbrios psíquicos, podendo-se ouvir a certa distância os gritos, gargalhadas, blasfêmias entremeadas de mistura com choro e apelos comovedores. Embora o tumulto das vozes e lamentos, o ambiente era de tranquilidade, pois assim procediam os que atendiam aos enfermos, podendo notar-se a dedicação e o amor ao próximo que os moviam.

Aproximaram-se de um leito, separado dos demais por um biombo coberto por um tecido muito alvo, onde se encontrava Honório. Este apresentava-se bastante desfigurado, gritando e se debatendo como se desejasse se libertar de agressores invisíveis que o atormentavam. Miranda, observando-o com mais profundidade, detectou, com surpresa, que ele lutava contra formas hediondas que o atacavam, sendo imediatamente esclarecido pelo Dr. Ignácio Ferreira que eram formas-pensamento, por ele mesmo criadas durante a sua última existência terrena e que continuavam no seu campo mental após a morte física. Essas formas-pensamento adquiriram existência por serem nutridas constantemente, e agora, porém, pelo medo e pelo mecanismo da consciência culpada.

Honório é removido para uma sala, colocado em um leito, em torno do qual se encontram D. Maria Modesto e mais duas senhoras, além do próprio Eurípedes Barsanulfo. Este profere uma prece, preparando o ambiente para o trabalho que seria realizado. Era uma sessão mediúnica no plano espiritual. D. Maria Modesto entra em transe e toda a sua fisionomia se transfigura, deixando perceber a presença de uma entidade com estranha aparência, fazendo lembrar gravuras representativas de Satanás, que com alguma dificuldade começa a falar, afirmando ser Mefistófeles, personagem criada por Goethe para sua obra Fausto.

O comunicante alardeia o seu poder e sua força e diz comandar aqueles que com ele se afinam, os quais passam a lhe dever a alma, processo esse que prossegue após o túmulo, fato que ocorreu com Honório.

Eurípedes Barsanulfo, paciente e amorosamente, argumenta conduzindo-o a uma reflexão acerca da própria condição, vista estar ele, também, fixado no papel de Mefistófeles, o que caracteriza igualmente uma alucinação mental.

Por meio de passes aplicados pelo Dr. Ignácio Ferreira, no centro cerebral da médium que alcançavam, diretamente, o Espírito Honório, foi-lhe despertada a memória pretérita, tendo tomado conhecimento de que no século XIX fora um ator que representara várias vezes a figura dramática da tragédia Fausto, terminando por confundir a fantasia com a realidade. Repetindo o papel que o fascinava, introjetou-o de tal forma que passou a vivê-lo no cotidiano. Ao desencarnar, defrontou-se com um desses Espíritos que se dedicam a subjugar outros, em verdadeiro processo de obsessão de desencarnado para desencarnado, trama essa que enredou Honório, Augusto (verdadeiro nome de Mefistófeles) e o hábil hipnotizador que dominava a este.

Através de passes de dispersão energética foram atendidos os dois enfermos, Honório e Augusto, que aos poucos se desenovelaram das formas-pensamento, sendo que o ex-ator do século XIX retomou a própria personalidade, o que proporcionou a ambos certa tranquilidade, que há muito não desfrutavam. Um longo período de tratamento ainda seria necessário para os dois sofredores.

Posteriores esclarecimentos foram prestados pelo Dr. Ignácio Ferreira a Miranda, respondendo à pergunta deste se Honório permaneceria lúcido. Vejamos a resposta do médico:

> – Não totalmente. Os processos de auto-obsessão prolongada deixam sequelas que somente o tempo e o esforço do paciente poderão drenar, superando-as. Nesse processo, conforme vimos, o enfermo experimentava o assédio do seu comparsa obsessivo, que se mantinha à distância, mas se lhe vinculava pelo pensamento, induzindo-o constantemente à vivência dos prazeres vulgares. Fazia-se vítima do desequilíbrio pessoal e da ligação perversa. Amparado aquele que o perturbava, e que irá enfrentar as consequências dos seus atos infelizes, o paciente terá pela frente todo um significativo trabalho de reconstrução mental, de reestruturação do pensamento, de mudança de conduta moral. No entanto, sob o adequado tratamento que se prolongará pelo período necessário, conseguirá readaptar-se ao correto, ao moral e ao saudável.[148]

Miranda pergunta ainda o que aconteceria com aquele que dizia ser Mefistófeles, e foi-lhe explicado que, igualmente, seria desligado do malévolo hipnotizador que o subjugava a distância, telepaticamente.

Alguns pontos dessa narrativa despertam nossa atenção e iremos comentá-los a seguir.

Inicialmente, destacamos que tanto Honório quanto Augusto (Mefistófeles) mergulharam em um processo de auto-obsessão.

---
[148] - Divaldo P. FRANCO. *Tormentos da obsessão*.

Honório, por cultivar uma vida sexualmente desregrada, habituou-se a criar cenas mentais degradantes o que levaram às terríveis formas-pensamento. Essas acabaram por atrair, por afinidade, o ex-ator do século XIX, que passou a dominá-lo, vitalizando, por sua vez, tais alucinações. Por seu lado, também se tornou presa de uma entidade em piores condições, que o utilizava para concretizar suas torpezas. Assim temos, no caso acima, significativo exemplo de processos obsessivos de desencarnado para desencarnado. Ocorrem assim, no plano espiritual, entre Espíritos atormentados e atormentadores e se repetem no plano físico em diferentes circunstâncias, expressando, todavia, os mesmos propósitos de vingança, em que estão presentes o ódio, a revolta ou mesmo o prazer maléfico do sadismo.

Merece ser ressaltada importante ocorrência que foi decisiva para o atendimento a Honório, como citamos na sequência.

Reunião mediúnica no plano espiritual

Não poucas vezes, companheiros da seara espírita demonstram surpresa quando leem ou ouvem falar de reuniões mediúnicas realizadas na esfera espiritual, questionando quanto à sua necessidade e como isto ocorre. Lembramos aos que nos perguntam, que o mundo espiritual mais elevado dispõe de recursos, verdadeiramente, notáveis dos quais não temos conhecimento e nem mesmo fazemos ideia do que sejam. Entretanto, obras mediúnicas que relatam algo dessa realidade estão ao nosso dispor, embora toda a dificuldade que têm os Benfeitores Espirituais de explicar às mentes encarnadas alguns detalhes da Pátria Verdadeira.

Assim é que nas Colônias da Espiritualidade, nos hospitais e postos de socorro são realizadas reuniões mediúnicas, quando se faz necessário tal recurso, em que Espíritos inferiores se comunicam através dos bons Espíritos, que lhes servem de intermediários, atuando como médiuns.

Sendo as construções, produções e trabalhos terrenos inspirados pelo que existe no plano invisível, tendo esse como modelo (embora o que aqui construímos e realizamos seja uma cópia bastante imperfeita), podemos, igualmente, deduzir que o exercício da mediunidade tenha igualmente o mesmo fundamento, razão pela qual os Espíritos Benfeitores, reiteradamente, têm ditado a médiuns, especialmente aos psicógrafos, as noções básicas da prática mediúnica, para que aprendamos com as sábias experiências dos que estão na Vida verdadeira.

Deve-se levar em conta que a faculdade mediúnica é atributo do Espírito e, quando este reencarna terá no cérebro, digamos assim, a sede física para sua atuação, especificamente, a epífise, também chamada de glândula pineal, conforme vimos no capítulo intitulado "O Sexto Sentido", da primeira parte.

A comunicação mediúnica acontece havendo a sintonia entre a mente do Espírito comunicante e a mente do médium encarnado. Sabemos que esse intercâmbio propicia aos encarnados receberem as instruções do Plano Maior sendo, simultaneamente, um ensejo de trabalho para os médiuns que estarão contribuindo para o despertamento das criaturas quanto à realidade da vida espiritual. Portanto, não é difícil imaginar que trabalhos mediúnicos possam ser realizados pelos Espíritos para atender a finalidades altruísticas, intenções essas que nos procuram transmitir, demonstrando, incansavelmente, os benefícios da mediunidade com Jesus.

Nos relatos das obras ditadas por André Luiz e Manoel Philomeno de Miranda observamos que as sessões mediúnicas são efetuadas quando é imprescindível o atendimento a Entidades que não conseguiriam ser despertadas e amparadas de outra maneira, a juízo dos Espíritos que as orientam, por apresentarem cristalizações mentais negativas a que se condicionaram e por total alheamento da própria realidade.

Há, porém, um exemplo diferente narrado por André Luiz, em *Libertação*, psicografia de Francisco C. Xavier, que é importante assinalar.

O Autor Espiritual relata o caso Margarida, que sofria de terrível obsessão com características de vampirismo, tendo como causador o Espírito Gregório, que chefiava o processo. Para alcançar os objetivos traçados ele aliciou outros companheiros para ajudá-lo a concretizar seu plano maléfico. Para agravamento do quadro, foram ligados à vítima encarnada vários Espíritos em forma de ovoides. Entretanto, vítima e algoz recebiam a assistência de Matilde, Espírito de elevadíssima condição espiritual, que intercedia por eles, procurando ampará-los e, sobretudo, resgatar Gregório, que chefiava certa região inferior.

Todavia, para que Espíritos Superiores se apresentassem em "Nosso Lar" fazia-se mister uma reunião com características específicas, havendo, inclusive, um local próprio destinado a materializações de entidades sublimes.

André Luiz foi convidado a assistir à sessão na qual Matilde se faria presente, e notou que ali estavam cerca de vinte doadores de energias radiantes, por ele denominados médiuns de materializações. A Benfeitora Espiritual se apresentou em meio a esbranquiçada nuvem de substância leitosa-brilhante, qual se fosse neve translúcida e em torno de sua cabeça podia-se ver uma aura de luz esmeraldina.

Ela se materializou também, por duas vezes, em dramáticos momentos, primeiramente, para atender a Margarida, livrando-a dos fluidos maléficos e despertando-a e, posteriormente, quando houve necessidade que Gregório a visse, pois fora sua mãe em reencarnação anterior, havendo entre ambos laços profundos de amor. Para tais cometimentos, o Instrutor Gúbio atuou como médium, oferecendo os recursos para a materialização.

André Luiz registra o momento dessa doação fluídica de Gúbio:

> Reparamos, em silêncio, que luz brilhante e doce passou a se lhe irradiar do peito, do semblante e das mãos, em ondas sucessivas, semelhando-se a matéria estelar, tenuíssima, porque as irradiações pairavam em torno, como que formando singulares paradas nos movimentos que lhe eram característicos. Em breves instantes, aquela massa suave e luminescente adquiria contornos definidos, dando-nos a ideia de que manipuladores invisíveis lhe infundiam plena vida humana.
> Mais alguns instantes e Matilde surgiu diante de nós, venerável e bela.

O fenômeno da materialização de uma entidade sublimada ali se fizera prodigioso aos nossos olhos, em processo quase análogo ao que se verifica nos círculos carnais.[149]

Constatamos o quanto é lenta e laboriosa a evolução do Espírito. O bem está em toda parte, mas pouco percebemos e acabamos por fazer opções erradas e o mal se instala, tornando-se depois difícil de ser erradicado de nosso mundo íntimo.

Deus está presente. Seu Amor preenche todos os seres e todo o Universo. Estamos mergulhados no Oceano Divino. Agora que sabemos é imprescindível sentir e viver isso.

---

[149] - Francisco C. XAVIER. *Libertação*.

20 - Auto-obsessão

> "A autopunição gerou o quadro de resgate para o infrator da Lei."
> Manoel Philomeno de Miranda
> *Loucura e Obsessão*

O homem não raramente é o obsessor de si mesmo. Esta afirmativa é de Allan Kardec e é tão atual que a cada dia vemos a sua confirmação. Ele acrescenta: Alguns estados doentios e certas aberrações, que se lançam à conta de uma causa oculta, derivam do Espírito do próprio indivíduo.[150]

Quando se fala em auto-obsessão pode parecer, à primeira vista, tratar-se de casos muito raros, entretanto, são bem mais comuns do que se imagina.

A auto-obsessão caracteriza-se pelas ideias fixas que o indivíduo tem em relação a si mesmo e podem se apresentar, por exemplo, mascaradas como zelo pessoal, cuidados que se dispensa ao próprio corpo, sempre tentando melhorar suas condições de saúde e beleza. A princípio tem essa motivação, mas logo se torna uma ideia obsessiva de esculpir as formas, deixando transparecer o conteúdo narcisista predominante. Ao lado disso, soma-se também o desejo de atrair pessoas para usufruir de experiências sexuais desequilibradas, o que termina

---
[150] - Allan KARDEC. *Obras póstumas.*

por desaguar em graves processos obsessivos e de vampirização, em que Espíritos do mesmo jaez se aproximam, e mais açulam tais preferências para se locupletarem através dessas vivências. Nesse patamar estão os vícios em geral.

Em outros níveis, a auto-obsessão pode expressar-se como complexo de culpa no qual estejam presentes a autopunição, a mania de doença, o medo exacerbado, evidenciando estados patológicos, os quais abrem brechas para influências obsessivas de Espíritos com propósitos negativos e altamente prejudiciais.

Por outro lado, as pessoas, de maneira geral, têm a tendência de complicar a vida e não percebem que o fazem. Preocupam-se e ficam estressadas com banalidades, com suposições disso ou daquilo, prevendo problemas que nem sempre chegam a acontecer, mas o fato de se preocuparem, antecipadamente, as deixam excessivamente ansiosas.

É muito fácil para uma pessoa enredar-se em seus próprios pensamentos, em ideias que se repetem, em manias que vão sendo cultivadas, em emoções negativas constantes e, inadvertidamente, passa a ficar dependente desses estados mentais perturbadores, que se vão cristalizando, como que incrustados no psiquismo, tornando-se prejudiciais. São indivíduos que dizem ter constantes achaques, sentem-se, frequentemente, doentes, e passam a percorrer consultórios médicos em busca do diagnóstico impossível para a medicina terrena. Via de regra, exageram os sintomas e julgam-se os maiores sofredores, proclamando o quanto sofrem, lamentando-se da sorte adversa, ao tempo em que buscam atenção dos familiares aos quais não dão descanso e nem trégua de suas reclamações e exigências. Este é o campo propício para as auto-obsessões e, o que é ainda mais grave, para as obsessões. É também o domínio das doenças-fantasmas.

Doenças-fantasmas

André Luiz, em página com o título acima, assim denomina as dores e enfermidades imaginárias, que são fruto do pensamento desequilibrado e negativo de certas pessoas. As suas advertências são importantes e oportunas, como se pode constatar:

> Referimo-nos às criaturas menos vigilantes, sempre inclinadas ao exagero de quaisquer sintomas ou impressões e que se tornam doentes imaginários, vítimas que se fazem de si mesmas nos domínios das moléstias-fantasmas.
> Experimentam, às vezes, leve intoxicação, superável sem maiores esforços, e, dramatizando em demasia pequeninos desajustes orgânicos, encharcam-se de drogas, respeitáveis quando necessárias, mas que funcionam à maneira de cargas elétricas inoportunas, sempre que impropriamente aplicadas.
> Atingido esse ponto, semelhantes devotos da fantasia e do medo destrutivo caem fisicamente em processos de desgaste, cujas consequências ninguém pode prever, ou entram, de modo imperceptível para eles, nas calamidades sutis da obsessão oculta, pelas quais desencarnados menos felizes lhes dilapidam as forças.
> Depois disso, instalada a alteração do corpo ou da men-

te, é natural que o desequilíbrio real apareça e se consolide, trazendo até mesmo a desencarnação precoce, em agravo de responsabilidade daqueles que se entibiam diante da vida, sem coragem de trabalhar, sofrer e lutar.[151]

Também a insatisfação, a revolta, o tédio levam, não raramente, o indivíduo ao desânimo, ao desalento, ou às atitudes irresponsáveis, podendo desaguar até mesmo nas drogas, no crime, como formas de fuga da angústia de que é portador.

Em casos mais graves, as ideias negativas recorrentes, que assomam à mente, expressam conteúdos do passado, trazendo no bojo o sentimento de culpa a se traduzir em distúrbios mentais os mais variados, pelos bloqueios que o próprio Espírito engendra, inconscientemente, como forma de autopunição. São indivíduos que não se permitem ser felizes, que sempre sentem remorso ao manifestarem alegria, denotando, em análise mais profunda que não gostam de si mesmos e, em simultâneo, têm dificuldade em demonstrar sentimentos de ternura, carinho e amor.

Em casos extremos, nesses processos de autopunição, encontramos aquelas pessoas que se apresentam com um desejo mórbido de ferir a si próprias. Podemos citar dois casos de nosso conhecimento.

O primeiro, de uma moça de 25 anos que se mutila com faca em várias partes do corpo, em episódios que se repetem com certa frequência, ao ponto de certos cortes necessitarem de sutura. Isso aterroriza a família, pois para agravar ainda mais a situação ela resiste ao tratamento psiquiátrico, embora

---

[151] - Francisco C. XAVIER. *Estude e viva*.

já tenha sido internada à força, algumas vezes. O segundo é o caso de um rapaz, hoje com 40 anos, que desde a infância se agride com repetidos tapas, na cabeça e no peito, durante várias vezes por dia. Todos os tipos de tratamento já foram tentados, a família é muito dedicada e durante todos esses anos mantém o tratamento espiritual, a fluidoterapia de maneira constante, porém, sem lograr maior êxito.

Em ambos os casos foram constatados graves comprometimentos em reencarnações anteriores, presença de Espíritos perseguidores e um processo de autopunição açodado pelos obsessores, que assim se vingam dos agravos do passado.

Autismo

Mencionamos a seguir a definição de autismo, do Dr. Jano Alves de Souza, médico neurologista, que colocamos também no nosso livro *Transtornos Mentais: Uma Leitura Espírita*, por considerá-la bastante esclarecedora, e por atender aos nossos propósitos neste enfoque atual. Extraímos essa citação do prefácio intitulado "À guisa de apresentação", de autoria do Dr. Jano A. Souza, do excelente livro do nosso amigo Hermínio Miranda *Autismo – Uma Leitura Espiritual*.

> O autismo é uma desordem do desenvolvimento do funcionamento cerebral relativamente frequente, acometendo dois a cinco indivíduos em cada dez mil. O quadro clínico é marcado por um comprometimento

grave da interação social e da linguagem verbal e não-verbal, além de um estreitamento do espectro de interesses e atividades, iniciando antes dos três anos de vida. O retardo mental, embora frequente, não é um aspecto obrigatório, havendo indivíduos que revelam capacidade prodigiosa para funções como memorização, cálculo e música, a despeito de conservarem suas características autísticas. Alguns casos de autismo são consequência de infecções no período intra-uterino ou neonatal, de doenças genéticas ou malformações. A maioria, no entanto, tem causa desconhecida.

Hermínio Miranda narra o interessante caso de Temple Grandin que, sendo autista, conquistou seu PhD em ciência animal. Trata-se de uma projetista respeitada nos Estados Unidos e até no exterior, empresária bem-sucedida, que promove pesquisas, escreve livros, ensaios e estudos e dá palestras acerca de autismo.

O autismo, na visão de Temple Grandin,

> ... é um distúrbio do desenvolvimento. Em vez de dedicar-se à exploração do mundo exterior, como acontece normalmente, a criança autista permanece dentro das fronteiras de seu próprio universo pessoal. Não aceita ser arrastada de lá, à força, para o nosso mundo, que ela não compreende e com o qual não consegue (ou não quer) relacionar-se.[152]

---

[152] - Temple GRANDIN apud Hermínio C. MIRANDA. *Autismo*: uma leitura espiritual.

A obra de Hermínio Miranda é imperdível para aqueles que desejam se informar com mais profundidade a respeito de autismo.

A literatura mediúnica espírita, através da psicografia de Chico Xavier e Divaldo Franco, principalmente, aborda de maneira abrangente a auto-obsessão e o autismo, ressaltando ainda os aspectos espirituais que constituem o pano de fundo dessas dolorosas experiências reencarnatórias.

Manoel Philomeno de Miranda, autor espiritual do livro *Loucura e Obsessão*, relata nesta obra complexo caso cujo diagnóstico psiquiátrico era o de autismo, mas que pela perspectiva espiritual o quadro era, inicialmente, de auto-obsessão, seguido de grave processo obsessivo. Observemos a narrativa do caso Aderson, que apresentamos resumidamente. Ele estava recebendo, há mais de seis meses, tratamento espiritual proporcionado pela instituição umbandista que se dedicava ao bem do próximo, dirigida por Emerenciana, conforme narra Miranda.

Aderson apresentava o olhar parado, denotando demência adiantada, os músculos em rigidez, dificuldade de locomoção e total ausência do lugar em que se encontrava. A médium Emerenciana, sob o comando de seu Mentor espiritual, coloca o enfermo em meio a um círculo de médiuns e em seguida, dirigindo-se a ele, estimula-o a sair da inconsciência, a não fugir da realidade, com palavras enérgicas, no intuito de trazê-lo de volta ao mundo objetivo. Miranda estranha a cena, mas tem a seu lado, como Instrutor Espiritual, Dr. Bezerra de Menezes, que esclarece ser Aderson um "... típico autista, conforme a clássica denominação psiquiátrica."

Em seguida apresenta maiores detalhes:

Estamos diante, tecnicamente, de um vigoroso processo de auto-obsessão, por abandono consciente da vida e dos interesses objetivos. Quando o indivíduo mantém intensa vida mental em ações criminosas, que oculta com habilidade, mascarando-se para o cotidiano, a duplicidade de comportamento faz-se-lhe cruel transtorno que ele carpe, silenciosamente. O delito, que fica ignorado das demais pessoas, é conhecido do delinquente, que o vitaliza com permanentes construções psíquicas, nas quais mais o oculta, destruindo a polivalência das ideias, que terminam por sintetizar-se numa fixação mórbida, que lentamente empareda o seu autor. Passam desconhecidos pelo mundo, esses gravames, que o eu consciente sepulta nos depósitos da memória profunda, sem que eles se aniquilem, ali permanecendo em gérmen, que irradia ondas destruidoras, envolvendo o criminoso. As cenas dos crimes se tornam fixações que se repetem, sem que outras ideações se lhes sobreponham. Às vezes irrompem como estados depressivos graves, decorrentes do complexo de culpa. Daí decorre também o receio de ser perseguido, o que vai desaguar em alienações diversas.[153]

As causas dos distúrbios de Aderson estavam em reencarnação anterior, conforme foi esclarecido em seguida.

Aderson ocupava-se, em existência passada, em urdir planos escabrosos e de efeitos nefastos contra certas pessoas com quem antipatizava. Inicialmente, endereçava cartas anônimas a determinada criatura que tinha ligações com aquela pessoa a quem desejava prejudicar, cartas essas contendo acusações pérfidas, caluniosas, pois sabia de antemão que é muito fácil que a suspeita invada a mente de alguém que, desconfiada e insegura, passa a sintonizar na mesma faixa do caluniador.

---

[153] - Divaldo P. FRANCO. *Loucura e obsessão.*

As pessoas, via de regra, projetam nos outros seus próprios defeitos, vendo-os na conduta alheia, mesmo imaginariamente. Assim, Aderson destruiu lares, levando pessoas ao suicídio, à depressão grave, à morte, endereçando-lhes cartas em que destilava o veneno da calúnia, levantando suspeitas contra pessoas honestas e dignas que não tiveram como provar sua inocência.

Jamais conseguiram descobrir o autor, embora ele acompanhasse o resultado de suas malfadadas cartas, pois se insinuava como amigo compreensivo, enquanto intimamente, sentia prazer em atestar o sucesso de suas maldades.

Na aparência Aderson era jovial e distinto, entretanto, na vida particular, explorava mulheres infelizes para ter companhias pagas e prazeres superficiais. Desencarnou com mais idade e foi surpreendido no plano espiritual pela presença daqueles a quem prejudicara, que o mantiveram sob implacável cobrança, porém, prosseguia negando a autoria dos fatos escabrosos de que o acusavam.

Muitos anos transcorreram até que Aderson foi reconduzido à reencarnação, mas sempre refugiando-se na negação dos crimes, tornando-se um bloqueio mental que foi transmitido ao corpo, resultando na limitação dos movimentos, em uma espécie de prisão onde se refugia. A alienação mental por meio do autismo é um meio de fugir de suas vítimas e apagar as lembranças que o afligem.

Finalizando, Dr. Bezerra de Menezes explica que o perispírito imprime, automaticamente, nas

> ... delicadas engrenagens do cérebro e do sistema nervoso, o de que necessita: asas para a liberdade ou presídio para a reeducação. Como se vê, a obsessão não é, neste caso, fator responsável pela loucura. A autopunição gerou o quadro de resgate para o infrator da Lei.[154]

Em nossas Casas Espíritas, temos condições de atender às crianças portadoras de autismo, compreendendo que nem sempre são Espíritos enredados em crimes nefastos do passado, mas podem ser criaturas insatisfeitas com a atual experiência reencarnatória, ou extremamente melancólicas, que se negam à vida, seja por suicídio em existência anterior ou por motivos outros. O importante é atendê-las com amor, buscando transmitir-lhes a noção do quanto são amadas e do quanto a vida é importante e pode ser bem mais aproveitada.

O mesmo se dá com os adultos, todavia, para estes há maior dificuldade, pois o ideal é que tivessem o atendimento desde a infância. Os pais devem ser orientados no sentido de conversar com a criança, seja nos momentos de oração, seja após adormecerem, falando-lhes do autoperdão, da misericórdia do Pai, do quanto a amam, de como a atual reencarnação é importante, mostrando-lhes perspectivas de esperança em dias melhores.

---

[154] - Divaldo P. FRANCO. *Loucura e obsessão*.

21 - O despertar espiritual

"Desperta, ó tu que dormes, levanta-te dentre os mortos e o Cristo te esclarecerá."

Paulo (Efésios 5: 14)

Dormir, despertar. Dois estados físicos que se expressam em ações cotidianas, fazendo parte da vida de todos os seres animados. Os animais dormem e acordam, tanto quanto as criaturas humanas. O sono físico é uma necessidade orgânica e tem determinada duração conforme cada pessoa e seu relógio biológico. Ao despertar, ela se levanta e começa as atividades comuns do dia a dia. É a rotina que se repete pela vida afora.

Mas, esse não é o único sono que o ser humano experiencia. Outro tipo de sono, muito mais profundo, cuja duração se perde na noite dos tempos, o tem entorpecido, tirando-lhe a clareza e impossibilitando-o de enxergar a vida em toda a sua pujança. Assim, dormir e despertar são estados de consciência e relacionam-se com a vida do Espírito em sua caminhada evolutiva.

Um dia, perguntaram a Buda: – O Senhor é Deus? E ele respondeu: – Não. – Então, é um anjo, afirmaram. Ele voltou a esclarecer: – Também não. – E por que é tão nobre, tão puro e fulgurante? Indagaram. Calmamente, ele disse: – Porque estou desperto.

O mais elevado estado da consciência

O estado de consciência habitual do homem não é o nível máximo de consciência que ele pode alcançar. Na realidade, é de tal modo deficiente que se poderia defini-lo como próximo ao sonambulismo. O homem, realmente, não sabe o que está fazendo ou para onde está indo. Vive em um mundo de ilusões, de criações fantasiosas, o que ocasiona perigo para si e para os outros.

O filósofo e matemático russo Pedro Ouspensky enfoca esse assunto, fundamental na vida de todas as criaturas, narrando, em capítulo da obra *O Mais Elevado Estado de Consciência*, uma passagem em que Gurdjieff propôs a seus alunos a seguinte questão: Qual é a coisa mais importante que notamos durante a auto-observação? As respostas não foram satisfatórias e Gurdjieff esclarece que ninguém notou algo essencial, "... nenhum de vocês se lembra de vocês mesmos. Vocês não se sentem a si mesmos. A fim de realmente se observar, o indivíduo deve antes de mais nada, lembrar de si mesmo."

Gurdjieff passa a explicar a questão da consciência.

> Ao todo há quatro estados de consciência possíveis ao homem. Os dois estados mais elevados de consciência lhe são inacessíveis e, embora possa ter vislumbres desses estados é incapaz de compreendê-los e julgá-los a partir do ponto de vista daqueles estados em que habitualmente permanece. São eles:

1º) O sono – Um estado passivo no qual o homem passa a maior parte de sua vida.
2º) Estado desperto da consciência – Neste os homens passam a outra parte de suas vidas.
3º) Consciência do próprio ser – É a lembrança de si mesmo, a autoconsciência.
4º) Estado objetivo da consciência – Neste estado o homem pode ver as coisas como são realmente. Também chamado de consciência cósmica.

Prossegue Gurdjieff em sua explanação:

> O homem está dormindo. Em seguida acorda. À primeira vista é um estado diferente. Ele pode mover-se, conversar, pode ver o perigo e evitá-lo. Mas, se aprofundarmos, veremos que se encontra quase no mesmo estado que antes. Não tem consciência de si mesmo. É uma máquina. Não vê o mundo real, vive no sono. Consideremos a guerra. O que significa? Que alguns milhões de pessoas adormecidas tentam destruir outros milhões de pessoas adormecidas. Tudo o que acontece deve-se a este sono. Como as guerras podem ser detidas? Bastaria que as pessoas despertassem. Parece simples. No entanto, não há nada mais difícil, pois esse sono é provocado e sustentado pelo conjunto da vida que nos rodeia.[155]

Como despertar? Como escapar desse sono? O que pode ser feito? O homem pode realmente despertar?

Os vários autores que integram a coletânea do livro acima citado analisam e comentam essa situação, que interessa

---

[155] - GURDJIEFF apud Pedro OUSPENSKY. *O mais elevado estado de consciência*.

a todas as pessoas, concluindo que as questões que envolvem o despertar são as mais importantes e vitais que o ser humano pode enfrentar. Mas, é preciso estar convencido do próprio sono e querer despertar.

Quando o indivíduo compreende que não tem consciência de si mesmo, que não sente a si mesmo, que vive no mundo qual um robô, segundo as regras que lhe são impostas (nem sempre sadias e equilibradas), que sua opinião depende do que pensam os outros, que é isso ou aquilo por tradição, que cultiva hábitos sem nem mesmo saber porquê, que se deixa massificar pela mídia (quase sempre desequilibrada e irresponsável), que se deixa manipular etc., é possível, então, que lhe surja o impulso de sair desse estado, de tentar acordar e começar a pensar em si, no inevitável processo de autodescobrimento, que um dia chega para todos.

O tema do despertar espiritual é hoje muito comentado, especialmente por cientistas, pesquisadores e escritores integrantes da psicologia transpessoal, que apresenta nova concepção, nova visão de mundo, propondo novos paradigmas para nortear a ciência ainda atrelada ao paradigma newtoniano-cartesiano, que é mecanicista.

Mas, o que é o transpessoal? As experiências transpessoais podem ser definidas como aquelas em que o senso de identidade ou de eu ultrapassa (trans + passar = ir além) o individual e o pessoal, a fim de abarcar aspectos mais amplos da Humanidade, da vida, da psique e do cosmos.

A psicologia transpessoal é o estudo psicológico das experiências transpessoais e seus correlatos. Esses incluem a natureza e as variedades, causas e efeitos das experiências e do desenvolvimento transpessoal. Como também as psicologias, filosofias, disciplinas, artes, culturas, estilos de vida, reações e religiões por eles inspirados ou voltados à sua indução, expressão, aplicação ou compreensão. Suas investigações abarcam possibilidades mais altas de desenvolvimento e também o que Maslow chamou de "... os confins mais longínquos da natureza humana". Entre os tópicos de maior interesse, contam-se a consciência e seus estados alterados, mitologia, meditação, ioga, misticismo, sonhos lúcidos, valores, ética, relacionamentos, capacidades excepcionais e bem-estar psicológico, emoções transpessoais como o amor e a compaixão, motivações como o altruísmo e o serviço, além de patologias e terapias transpessoais.[156]

A visão transpessoal está arejando as arcaicas estruturas vigentes, exercendo forte pressão para derrubá-las, e a cada dia conquistando novos defensores que enxergam o ser humano além do cérebro.

Entre estes, podemos mencionar Stanislav Grof, médico psiquiatra, com mais de quarenta anos de experiência em pesquisas de estados não comuns de consciência. É um dos fundadores e principal teórico da psicologia transpessoal. Ele propõe uma revisão radical das ideias básicas acerca da consciência e da psique humana e uma abordagem, totalmente, nova da psiquiatria, da psicologia e da psicoterapia.

Suas pesquisas levaram-no à comprovação de realidades transcendentais, tais como a reencarnação, a essência espiritual do ser humano, a mediunidade, os estados de possessão espiritual, inferindo que o que falta às criaturas é exatamente a conscientização de tudo isto.

---

[156] - Roger WALSH; Frances VAUGHAN. *Caminhos além do ego.*

Em uma de suas obras, *A Tempestuosa Busca do Ser*, ele aborda, em parceria com Christina Grof, sua esposa, o difícil despertar de grande maioria das pessoas. Esse processo é por eles denominado de "emergência espiritual" e significa grave crise interior, intensamente sofrida.

A "emergência espiritual" pode ser definida como estágios críticos e, experimentalmente, difíceis de uma transformação psicológica profunda, que envolve todo o ser da pessoa. Apresentam estados incomuns de consciência e envolvem emoções intensas, visões e outras alterações sensoriais, pensamentos incomuns, assim também várias manifestações físicas. Esses episódios, normalmente, giram em torno de assuntos espirituais, incluem sequências de morte e renascimento psicológico, experiências que parecem memórias de vidas passadas etc.

> Em termos gerais – dizem os autores – a emergência espiritual pode ser definida como a evolução de uma pessoa para um modo de ser mais maduro, que envolve uma ótima saúde emocional e psicossomática, maior liberdade de escolha pessoal e uma sensação de ligação profunda com as outras pessoas, com a natureza e o cosmos. Uma parte importante desse desenvolvimento é um despertar progressivo da dimensão espiritual na vida da pessoa e no esquema universal das coisas.
> O potencial para a emergência espiritual é uma característica inata aos seres humanos. A capacidade de crescimento espiritual é tão natural quanto a disposição do nosso corpo acerca do desenvolvimento físico: o renascimento espiritual é tão normal para a vida humana quanto o nascimento biológico.[157]

---

[157] - Stanislav GROF; Christina GROF. *A tempestuosa busca do ser.*

O que é deveras surpreendente é que esse processo natural passou a ser interpretado como reações psicóticas, como manifestações de doenças mentais. De modo geral, a psiquiatria e a psicologia tradicionais (com raras exceções) rotulam as experiências místicas encontradas no budismo, no hinduísmo, no cristianismo, no islamismo e em outras tradições religiosas, baseadas em séculos de experiências, como psicopatologias.

A ideia do despertamento não é novidade. No Evangelho muitos são os momentos em que Jesus adverte quanto à necessidade de despertar. Por que estais dormindo? Levantai-vos e orai, para que não entreis em tentação. (Lc, 22:46). E voltando-se para os discípulos achou-os adormecidos e disse a Pedro: Então, nem uma hora pudeste velar comigo? (Mt, 26:40).

O despertar implica vários passos, sendo o primeiro deles a conscientização do estado de sono, seus prejuízos e a necessidade de mudar. Em todos os tempos o homem tem sido informado da necessidade de acordar e dos perigos que o sono representa. É multimilenar a luta do ser humano contra esse estado de sono que adormenta a alma, embota os sentidos e impede o crescimento.

A História registra que os detentores do poder sempre se interessaram em manter essa apatia mental, contribuindo e, usualmente, impedindo que as criaturas enxergassem a realidade. O povo é mantido bem distante das possibilidades de despertamento e o sono em que jaz é alimentado de várias maneiras, desde a bem antiga fórmula do "pão e circo" até a nossa versão brasileira de "carnaval e futebol".

É muito difícil para a maioria das criaturas sair do sono, até porque elas não têm a menor ideia desse estado letárgico em que se acomodam prazerosamente.

Não são muitos aqueles que despertam em plenitude, porém, todos eles se destacam quando isso acontece. Entre os que despertaram para a realidade espiritual citamos: Sócrates, Joana de Cusa, Maria de Magdala, Zaqueu, o apóstolo João, Paulo de Tarso, Francisco de Assis, Clara de Assis, Tereza D'Avila, Allan Kardec, entre outros. Os que não acordaram, mesmo tendo convivido com Jesus: "o moço rico", Judas, entre outros. Tiveram dificuldade em acordar plenamente, a princípio: Nicodemos, Tomé, o próprio Pedro.

Vejamos o caso de Pedro, um dos mais notáveis exemplos dessa dificuldade do despertar espiritual, e observemos o simbolismo do galo cantando três vezes, para que ele finalmente acordasse.

A palavra sábia de Emmanuel registra: "Ao Espiritismo cristão cabe, atualmente, no mundo, grandiosa e sublime tarefa. Não basta definir-lhe as características veneráveis de Consolador da Humanidade, é preciso também revelar-lhe a feição de movimento libertador de consciências e de corações.[158]

A Doutrina Espírita é, por excelência, um processo de despertamento das consciências, propondo-nos a transformação moral, a partir do autodescobrimento, conforme aconselha o Espírito Agostinho na questão 919 de *O Livro dos Espíritos*.

Joanna de Ângelis, sabiamente, apresenta-nos, em todo o conjunto de sua obra em que aborda a linha psicológica, a fundamentação necessária para despertar as criaturas em definitivo e, também, para superar a dolorosa crise existencial que se instala no âmago do ser.

---

[158] - Francisco C. XAVIER. *Missionários da luz* – Prefácio "Ante os tempos novos".

Observemos o que ela registra no livro *O Despertar do Espírito*:

> Há um incomparável sol de esperanças nos patamares superiores da psique, nos quais se encontram em toda a grandiosidade as legítimas expressões do ser espiritual, aguardando o seu desabrochar.
> A psicologia do amor, inaugurada por Jesus-Cristo, é a pioneira no processo autotransformador, por ser possuidora dos imprescindíveis tesouros de sublimação dos impulsos primitivos, deixando os grilhões férreos das experiências ancestrais, necessárias para o crescimento interior, mas perturbadoras se ainda permanecem passado o período da sua vigência.
> O ser consciente da sua realidade imortal trabalha-se com alegria, limando as arestas do personalismo e do egoísmo, mediante a sua natural substituição pelo altruísmo, pela generosidade e serviço de engrandecimento moral de si mesmo e do seu próximo, o que torna o Evangelho o mais precioso tratado de psicoterapia e de psicossíntese, na sua proposta vibrante de autodescobrimento, de viagem interior, de busca da Realidade, da Unidade...[159]

Na série *Fonte Viva*, Emmanuel, comentando passagens do Evangelho, apresenta diversas páginas referindo-se ao sono da alma e alertando para a necessidade de acordar.

Ele se refere às grandes dificuldades das pessoas quanto à compreensão e à aplicação dos ensinamentos de Jesus e esclarece que "... isto ocorre porque permanecem dormindo,

---

[159]- Francisco C. XAVIER. *O despertar do espírito*.

vítimas de paralisia das faculdades superiores e que na verdade (...) o coração não adere, dormitando amortecido, incapaz de analisar e compreender". E prossegue: "A criatura necessita indagar de si mesma o que faz, o que deseja, a que propósitos atende e a que finalidade se destina. Faz-se indispensável examinar-se, emergir da animalidade e erguer-se para senhorear o próprio caminho."

Na parte final da mensagem acima, o autor espiritual afirma:

> Grandes massas, supostamente religiosas, vão sendo conduzidas, através das circunstâncias de cada dia, quais fileiras de sonâmbulos inconscientes. Fala-se em Deus, em fé e espiritualidade, qual se respirassem na estranha atmosfera de escuro pesadelo. Sacudidas pela corrente incessante do rio da vida, rolam no turbilhão dos acontecimentos, enceguecidas, dormentes e semimortas até que despertem e se levantem, através do esforço pessoal, a fim de que o Cristo as esclareça.[160]

Deixamos com a Instrutora Espiritual Joanna de Ângelis a palavra final, referindo-se ao despertar do Espírito:

> Nesse processo vitorioso, o Espírito se despe das escamas pesadas do ego, resultantes das reencarnações e consolida o Self, que o alçará às cumeadas dos altiplanos, para levantar voos mais audaciosos na direção de Deus, que o aguarda através dos milênios de evos.

---

[160] - Francisco C. XAVIER. *O pão nosso*.

Vencer as sombras densas para alcançar a luz imarcescível; libertar-se das doenças e dos transtornos psicológicos; alargar a percepção da realidade, saindo da estreiteza dos limites em que se encarcera; diluir barreiras do pensamento pessimista em favor do idealismo altruísta – eis a saga esplendorosa que deve ser encetada por todos os seres humanos que nascem como princípio inteligente e atingem a glória solar em êxtase de autorrealização e paz.[161]

---

[161] - Divaldo P. FRANCO. *O despertar do espírito.*

22 - O poder maior

"A passagem de Jesus pela Terra, seus ensinamentos e exemplos, deixaram traços indeléveis; sua influência se estenderá pelos séculos vindouros. Ainda hoje, ele preside aos destinos do globo em que viveu, amou, sofreu. Governador espiritual deste planeta, veio, com seu sacrifício, encarreirá-lo para a senda do bem." (...)

Léon Denis (*Cristianismo e Espiritismo*)

Os poderes do Espírito são, por enquanto, quase inimagináveis para nós. Apenas começamos a desvendá-los, a entendê-los e pouco sabemos quanto a aplicá-los. Felizmente, começamos também a perceber o quanto ignoramos em todos os sentidos, campos, aspectos, em todas as possibilidades, o quanto desconhecemos acerca do Universo, da Vida, a respeito de nós mesmos, seres humanos, isso sem falar em nossa extrema indigência no tocante às Leis Divinas e em relação a Deus.

Mas, das profundezas de nossa abissal ignorância, um ponto de luz está surgindo. Isso porque levantamos os olhos e deixamos, por momentos, de observar a nós mesmos e as questões impermanentes que constituem a vida terrena para tentar alçar voo e, nas asas da imaginação, pensar o rumo do infinito, pois para isso temos guias de luz que sinalizam os roteiros da eternidade.

À nossa frente estão os Numes Tutelares abrindo veredas cósmicas para aqueles que estejam buscando algo maior.

Esse o caminho da luz.

A vinda de Jesus

Reconhecemos ser ainda necessário dizer algo acerca de Jesus, o Governador Espiritual deste planeta Terra, para que não nos afastemos do Mestre em nosso fazer espírita, em nossa vivência espírita, em nossa compreensão da Vida verdadeira. Ao contrário do que se possa supor, não há, de nossa parte, misticismo ou divinização em torno Dele.

Estamos propondo um raciocínio lógico, embora a linguagem poética em que se apresentam alguns dos textos que mencionaremos a seguir. Exatamente, porque o Belo e o Amor são mais bem expressos pela poesia. Jesus traduz em si o Amor e a Sabedoria, como nosso paradigma a ser seguido.

Reconhecer-lhe a supremacia, citar seus ensinamentos, estudar o que Ele disse, sempre à luz da Doutrina Espírita, e procurar impregnar as nossas vidas com seus exemplos, é exatamente o que está faltando em muitos segmentos de nosso Movimento Espírita.

Temos pensado Jesus há muitos anos. Temos nos perguntado – como você, caro leitor e cara leitora, por certo, também o fazem – o que está faltando à Humanidade, o que ela mais precisa, qual o caminho real, verdadeiro, e todas essas elucubrações pertinentes a esse enfoque. Como espíritas sabemos a resposta. Não tenhamos dúvida alguma, pois tudo está, perfeitamente, claro diante de nossos olhos.

Os textos a seguir propiciam uma reflexão quanto a isso, pois evidenciam a grandeza desse Espírito que preside o nosso planeta e o nosso Sistema Solar.

Descreve Emmanuel, em páginas antológicas, na Introdução de *A Caminho da Luz*, o "filme" que retrata a trajetória das civilizações mortas e das almas que construíram o edifício milenário da evolução humana, levando-nos a portentosa viagem através dos tempos. É um desfile majestoso das primeiras organizações do homem, das grandes cidades, dos impérios transformados em "ossuários silenciosos". Passam as raças e as gerações, os povos, os países, os idiomas, as ciências e religiões.

> Um sopro divino faz movimentar todas as coisas nesse torvelinho maravilhoso. (...) Vê-se o fio inquebrantável que sustenta os séculos das experiências terrestres, reunindo-as, harmoniosamente, umas às outras, a fim de que constituam o tesouro imortal da alma humana em sua gloriosa ascensão para o Infinito.[162]

Mais adiante, Emmanuel refere-se aos missionários,

> ... que o mundo muitas vezes crucificou na incompreensão das almas vulgares, mas, em tudo e sobre todos, irradia-se a luz desse fio da espiritualidade que diviniza a matéria, encadeando o trabalho das civilizações, e, mais acima, ofuscando o 'écran' das nossas observações e dos nossos estudos, vemos a fonte de extraordinária luz, de onde parte o primeiro ponto geométrico desse fio de vida e de harmonia, que equilibra e satura toda a Terra numa apoteose de movimento e divinas claridades.
> Nossos pobres olhos não podem divisar particularidades nesse deslumbramento, mas sabemos que o fio da luz e da vida está nas suas mãos. É Ele quem sustenta todos os elementos ativos e passivos da existência planetária. No seu coração augusto e misericordioso está o Verbo do princípio. Um sopro de sua vontade pode renovar todas as coisas, e um gesto seu pode transformar a fisionomia de todos os horizontes terrestres.

---

[162] - Francisco C. XAVIER. *A caminho da luz.*

Observemos agora, com atenção, esse outro texto.

Na magistral narrativa, inserta no livro *Boa Nova*, Humberto de Campos, Espírito, esclarece as significativas mudanças que ocorreram no Império Romano quando do reinado de Caio Júlio César Otávio, que mais tarde seria denominado de época de Augusto.

Após séculos de guerras, instalara-se um período de paz e progresso. O Imperador porfiou para restaurar as tradições mais puras da família, dos costumes e, os anos de seu governo foram marcados por importantes iniciativas. A cidade dos Césares se povoava de artistas, de Espíritos nobres e realizadores.

Por essa época surgem Virgílio, Horácio, Ovídio, Salústio, Tito Lívio e Mecenas, que deram expressivas contribuições para o enriquecimento cultural do Império Romano. Segundo o Instrutor Espiritual, em todos os lugares lavravam-se mármores soberbos, esplendiam jardins suntuosos, protegia-se a inteligência, criavam-se leis de harmonia e de justiça e os carros de triunfo que antes desfilavam vitórias de destruição e morte haviam desaparecido.

A visão espiritual, que a explanação de Humberto de Campos nos proporciona, fala da magnitude desse momento singular do calendário terreno. Segundo ele, no reinado de Caio Júlio César Otávio,

> ... a esfera do Cristo se aproximava da Terra, numa vibração profunda de amor e beleza. Acercavam-se de Roma e do mundo não mais Espíritos belicosos, como Alexandre ou Aníbal, porém outros que se vestiriam dos

andrajos dos pescadores, para servirem de base indestrutível aos eternos ensinos do Cordeiro. Imergiam nos fluidos do planeta os que preparariam a vinda do Senhor e os que se transformariam em seguidores humildes e imortais dos seus passos divinos.[163]

A personalidade de Jesus

Milhares de livros têm sido escritos a respeito do Cristo, de sua vida, seus feitos e ensinamentos.

Recentemente, o psiquiatra Dr. Augusto Jorge Cury empenhou-se em uma pesquisa acerca da inteligência de Cristo, tendo surgido como resultado uma coleção de sua autoria denominada *Análise da Inteligência de Cristo*. Ressalta o autor, quanto à personalidade de Jesus, que Ele não impunha suas ideias, mas as expunha. Não pressionava ninguém a segui-lo, apenas o convidava. Procurava abrir as janelas da inteligência das pessoas para que refletissem sobre suas palavras. Menciona que Cristo era flexível e brando nos assuntos que tratava, todavia em alguns pontos ele foi extremamente determinado.[164]

Observemos alguns trechos do citado autor:

---

[163] - Francisco Cândido XAVIER. *Boa nova*.
[164] - Augusto J. CURY. *Análise da inteligência de Cristo*: o mestre dos mestres.

A respeito da continuação do espetáculo da vida, era incisivo. Não deixava margem de dúvida sobre seu pensamento. E, diga-se de passagem, seu pensamento era ousadíssimo. Neste assunto deixava o discurso em terceira pessoa de lado e expressava claramente que tinha o segredo da eternidade. Discursava que a vida eterna passava por ele. Disse: Quem crer em mim, ainda que morra, viverá. (Jo, 11:25). Eu sou o pão vivo que desceu do céu. Se alguém comer esse pão viverá para sempre. (Jo, 6:51). Proferiu muitas palavras semelhantes a essas, que são incomuns e possuem dimensão indescritível.

Em relação ao discurso de Jesus, Joanna de Ângelis esclarece:

> Todo o Seu verbo está exarado em linguagem programada para resistir ao tempo de evolução do pensamento e abrir espaços para as repercussões sociológicas e espirituais, éticas essenciais e morais seguras através dos diferentes períodos da Humanidade.
> Ocultando grandes verdades em símbolos compatíveis com a compreensão do momento, utilizou-se com sabedoria dos conteúdos dos hábitos diários para compor o mais admirável hino de louvor à vida de que se tem conhecimento.
> Suas parábolas, argamassadas com o cimento das lições do cotidiano, são discursos para todos os períodos do desenvolvimento sócio-psicológico das criaturas. Não obstante, fez grandes silêncios em torno de verdades mais transcendentes que poderiam ser desnaturadas por falta de amadurecimento evolutivo e psicológico dos Seus coevos, impossibilitados mesmo de registrar o

pensamento, que sofreria, inevitavelmente, mutilações, adaptações, adulterações de acordo com os interesses vigentes em cada estágio da evolução.[165]

Mas, em nossa opinião, foi nos Seus instantes finais que Jesus deixou entrever a sua própria grandeza, e o faz em palavras algo enigmáticas. Isso ocorre quando transmite suas últimas instruções aos discípulos.

Narra o evangelista João, no início do capítulo 17, que Jesus, após expor as últimas instruções aos discípulos, profere, então, uma prece. Dirigindo-se ao Pai afirma que a hora decisiva é chegada e, nas frases seguintes deixa bem clara a sua condição junto ao Pai.

No versículo 5, por exemplo, o Mestre diz:

"E agora glorifica-me tu, ó Pai, junto de ti mesmo, com a glória que tinha contigo antes que o mundo existisse."

E no versículo 24, na parte final deste, afirma:

"... porque tu me hás amado antes da fundação do mundo."

Jesus revela, portanto, a sua elevada posição espiritual junto ao Criador.

No livro *A Caminho da Luz*, Emmanuel assinala que:

> ... existe uma Comunidade de Espíritos Puros e Eleitos pelo Senhor Supremo do Universo, em cujas mãos se conservam as rédeas diretoras da vida de todas as coletividades planetárias.[166]

---

[165] - Divaldo P. FRANCO. *Jesus e o evangelho à luz da psicologia profunda.*
[166] - Francisco C. XAVIER. *A caminho da luz.*

Jesus é um dos membros divinos dessa Comunidade de seres angélicos e perfeitos e tem sob sua direção o nosso planeta, e os demais que constituem o Sistema Solar.

"Ele é a Luz do Princípio e nas suas mãos misericordiosas repousam os destinos do mundo", complementa Emmanuel.

O Espiritismo nos trouxe uma visão avançada em relação a Jesus. Em *O Livro dos Espíritos*, na parte terceira, quando enfoca a Lei Divina ou Natural, questão 625, o Codificador pergunta aos Benfeitores Espirituais qual o tipo mais perfeito que Deus ofereceu à Humanidade para servir-lhe de modelo e guia, e a resposta é precisa: Jesus. Kardec aduz em sequência alguns comentários:

> Para o homem, Jesus constitui o tipo da perfeição moral a que a Humanidade pode aspirar na terra. Deus no-lo oferece como o mais perfeito modelo e a doutrina que ensinou é a expressão mais pura da lei do Senhor, porque, sendo ele o mais puro de quantos têm aparecido na Terra, <u>o Espírito divino o animava</u>. (grifei)[167]

As perguntas seguintes, 626, 627 e 628, complementam o assunto, possibilitando-nos entrever a magnitude da presença de Jesus para a Humanidade terrena.

Jesus é assim o poder maior que nos é dado a conhecer na atual fase evolutiva da Humanidade terrena.

Há dois mil anos, Ele veio ensinar diretamente como conquistar a felicidade, e qual o caminho da Verdade e da Vida.

---

[167] - Allan KARDEC. *O livro dos espíritos*.

A sabedoria cósmica está em Suas palavras e o Perfeito Amor reveste e impregna toda a sua vivência entre nós. Ele veio sinalizar o Caminho para o Reino de Deus.

Mas quão poucos O entenderam! Quão poucos O seguiram!

Os ensinamentos de Jesus estão contidos principalmente em quatro grandiosos sermões.

O primeiro, o Sermão do Monte (Mt. Caps. 5,6 e 7); o segundo refere-se aos doze e sua missão (Mt. 10: 1 a 42); o terceiro é o sermão profético (Mt. Caps. 24 e 25: 1 a 42); o quarto, as últimas instruções aos discípulos (que se inicia em Jo, 13:31 a 38, e abrange os caps. 14, 15, 16 e a oração de Jesus, no cap. 17).

Muitos outros ensinamentos estão registrados em outras passagens, nas parábolas, nos diálogos etc. Ler, mergulhar a mente e o coração no Evangelho de Jesus é se impregnar do perfume que evola de tudo o quanto Ele disse e praticou. É como se o magnetismo do Mestre dos mestres nos alcançasse, fortalecendo-nos a fé, a determinação de seguir os Seus exemplos, tornando-nos melhores.

Amélia Rodrigues narra:

> Diariamente à sua volta renovavam-se os grupos ávidos do Seu socorro.
> A mensagem da esperança alcançando as fronteiras das almas inebriava-as, derramando-se abundante pelos demais corações que se contagiavam da Sua empolgante realidade.
> Jamais Israel vira ou escutara alguém igual a Ele.

Os sofredores recebiam de Suas mãos as mais vantajosas quotas de auxílio, e os deserdados enriqueciam-se de alegria do primeiro encontro com as Suas palavras.
Nele tudo transpirava amor.
Das aldeias e cidades, dos arredores do Lago e das terras distantes chegavam os grupos que se adensavam em multidões expressivas para ouvi-Lo, sentir a grandeza dos Seus ensinos, fruir as concessões das Suas dadivosas mãos. (...)
Profundamente apiedado das mazelas humanas, envolveu todas aquelas criaturas na ternura indimensional do Seu amor e começou a falar.
– Alegrai-vos na dor e não vos desespereis. Participais desde hoje do Reino de Deus e os tempos continuarão a correr cantando músicas de júbilo em vossas almas, se perseverardes fiéis até o fim.
– Quem desejar ser digno de mim, renuncie-se a si mesmo, tome a sua cruz e siga-me.[168]

Jesus fala à multidão, e a Autora Espiritual, em bela interpretação, assinala as Suas palavras, profundamente, esclarecedoras e consoladoras. Finalizando o texto, acrescenta:

Levantou-se, ergueu as mãos e abençoou os ouvintes.
Havia um elan invisível que transformava a mole humana numa só família – a família do amor universal do futuro!
No mar sereno deslizam ao longe as barcas que retornam. No ar salpicado pelas lâmpadas estelares as ansiedades da multidão soluçam baixinho. (...)
... E Ele entre os homens apresentando a legislatura do amor em convite esplêndido à Humanidade inteira.

---

[168] - Divaldo P. FRANCO. *Luz do mundo.*

Nos arquivos etéricos, a voz de Jesus nos alcança e o convite permanente se faz ouvir na acústica da alma.

> Vinde a mim, todos vós, que estais cansados e oprimidos, e eu vos aliviarei.
> Tomai sobre vós o meu jugo e aprendei de mim, que sou manso e humilde de coração; e encontrareis descanso para as vossas almas.
> Porque o meu jugo é suave e o meu fardo é leve. (Mt. 11:28 a 30).

Analisando as palavras de Cristo, Dr. Cury ressalta que os escribas e fariseus sabiam o que elas significavam, por isso ficaram profundamente perturbados. O autor assinala:

> Existiram diversos profetas ao longo de tantos séculos, mas nunca alguém ousou dizer o que aquele carpinteiro de Nazaré proferiu. Ficaram perplexos diante do discurso dele na primeira pessoa. Apesar de viverem sob a ditadura do preconceito e de ser intelectualmente rígidos, tinham plena razão de ficar perplexos. As palavras que ele discursou são seríssimas. Aquele que nasceu numa manjedoura se colocou como a fonte da vida inextinguível, a fonte da eternidade, a fonte da verdade. Quem é esse homem?[169]

O Espiritismo veio aclarar todas essas questões, interpretando as palavras de Jesus, cujo sentido era, demasiadamente, profundo para aqueles tempos e, por que não dizer, até mesmo para os atuais.

---

[169] - Augusto J. CURY. *Análise da inteligência de Cristo*: o mestre dos mestres.

Mais do que as curas, consideradas pelos demais segmentos do Cristianismo, como milagrosas, o que ressalta como predominante são os ensinamentos que Ele legou a todas as criaturas, de todos os recantos do mundo. As curas do corpo físico foram realizadas no sentido de chamar atenção, de evidenciar os poderes de que era dotado, mas o Mestre deixou claro que somente a cura da alma era capaz de conferir a saúde integral que todos desejamos.

O Cristo consolador

> Se me amais, guardai os meus mandamentos; e eu rogarei a meu Pai e ele vos enviará outro Consolador, a fim de que fique eternamente convosco: – o Espírito de Verdade, que o mundo não pode receber, porque não o vê e absolutamente o não conhece. Mas, quanto a vós, conhecê-lo-eis, porque ficará convosco e estará entre vós. – Porém, o Consolador, que é o Espírito Santo, que meu Pai enviará em meu nome, vos ensinará todas as coisas e vos fará recordar tudo o que vos tenho dito. (Jo, 14:15 a 17 e 26).

Quase dois mil anos depois a promessa se cumpre.

O Espírito de Verdade se faz presente e esparze Sabedoria e Amor sobre todos.

> Venho, como outrora aos transviados filhos de Israel, trazer-vos a verdade e dissipar as trevas. Escutai-me. O Espiritismo, como o fez antigamente a minha palavra, tem de lembrar aos incrédulos que acima deles reina a imutável verdade: o Deus bom, o Deus grande, que faz germinem as plantas e se levantem as ondas. Revelei a doutrina divinal. Como um ceifeiro, reuni em feixes o bem esparso no seio da Humanidade e disse: 'Vinde a mim, todos vós que sofreis'.

Eis o início da mais bela e reveladora mensagem de toda a Codificação, inserta em *O Livro dos Médiuns*. Assina-a o próprio Mestre, conforme esclarece Allan Kardec.[170] Atestando a sua autenticidade, o Codificador a registra no capítulo VI de *O Evangelho Segundo o Espiritismo*, colocando-a como assinada pelo Espírito de Verdade.

Jesus está presente! Retorna e permanece conosco.

Despedindo-se dos onze discípulos presentes quando de suas últimas instruções, Ele diz: "Nisto todos conhecerão que sois meus discípulos, se vos amardes uns aos outros." (Jo, 13: 35)

É interessante observar que Ele, voltando, reafirma isso, para que não haja dúvidas, no parágrafo final da belíssima mensagem acima citada: "Espíritas! Amai-vos, este o primeiro ensinamento; instruí-vos, este o segundo."

Neste livro, procuramos assinalar os poderes da mente, o que vale dizer, do Espírito. E nos damos conta de que Jesus detém em suas mãos o poder maior.

---

[170] - Allan KARDEC. *O livro dos médiuns*.

Recomendamos aos nossos atenciosos leitores, e a todas as Casas Espíritas que não deixem de ler, meditar e procurar vivenciar os ensinos que Ele deixou para a Humanidade. Com a chave do entendimento que a Doutrina Espírita proporciona é possível realizarmos o inadiável e imprescindível encontro com o Mestre.

Há dois mil anos, pelo menos, Ele nos convida a seguir-lhe os passos.

"Vinde a mim..."

Não é isso que está faltando?

Considerações finais

Aqui terminamos, leitor (a) amigo (a), essas reflexões em torno dos poderes da mente.

Nosso intuito foi o de relacioná-los, de forma simples – como é o nosso modo de ser –, para que em nossos estudos espíritas tenhamos uma noção, um pouco mais abrangente, das potencialidades inerentes a cada ser humano.

Há imenso cabedal de conhecimentos a ser desvendado por aquele que deseja um aprofundamento maior nessa deslumbrante viagem do autodescobrimento.

Apenas começamos a perceber o quanto somos criativos e inteligentes, a perceber o nosso poder mental, o incessante fluxo dos nossos pensamentos, o enigma supremo da consciência, a fantástica usina que é o cérebro, o rico acervo da memória, as surpreendentes reações emocionais, o desconhecido poder da vontade, a descoberta do sexto sentido e os domínios do Espírito.

Somos Espíritos imortais, dotados de todos esses poderes.

A conscientização disso propiciará a cada um as condições para acioná-los de maneira positiva e proveitosa para si mesmo. Por outro lado, aumenta também a segurança quanto a dirigir a própria vida, fazendo opções mais conscientes, buscando valores nobres e edificantes que tragam felicidade e paz.

Na segunda parte "abrimos algumas pastas" dos arquivos da alma, para nos inteirarmos de determinados aspectos, evidentemente, bastante dramáticos e sofridos. Conhecê-los é essencial, a fim de nos preservarmos de equívocos futuros.

Temos o conforto do conhecimento que a Doutrina Espírita apresenta e dos recursos que nos proporciona para vencermos a nós mesmos, nossas fraquezas e tentações. À primeira vista podem parecer escassos e frágeis os valores de que dispomos para superar nossas próprias tendências, assim também as investidas dos Espíritos com propósitos maléficos. Dúvidas angustiosas podem surgir. Como enfrentá-las? Quais os procedimentos mais indicados e que possibilitem resultados satisfatórios?

Primeiramente, é fundamental a certeza de que a Misericórdia Divina está presente em toda parte. Nossas imperfeições morais nos tornam vulneráveis, mas já sabemos que o Criador dotou a todos os seus filhos com as condições imprescindíveis para a realização da escalada evolutiva. Assim, somos perfectíveis.

Compete-nos, portanto, acionar nossos talentos pessoais.

O Espiritismo expressa uma proposta nova para a libertação de consciências e de corações. Os recursos aí estão. A Codificação de Allan Kardec é a fonte segura e límpida a nortear e a iluminar os nossos passos. Conhecê-la e vivenciá-la são nossas defesas mais legítimas.

O momento é agora. Não mais devemos postergá-lo.

Como diz o nobre Instrutor Espiritual Camilo, na consciência estão

> ... todos os elementos disponíveis, por ora, e os indisponíveis, por enquanto, para que o indivíduo seja apto ao crescimento para o Criador.

> Na consciência da criatura, está o juiz seguro e implacável que tanto indica rumos quanto aponta equívocos e suas variadas intensidades e gravidade.
> Somente nos conselhos que a consciência oferece, teria o indivíduo as condições mais amplas para que vivesse feliz pelo mundo, caminhando corretamente para as conquistas de si mesmo.
> Sendo a consciência o imo do ser, essa parte do indivíduo que se vai elaborando, desde longevos tempos, quando o Espírito ainda se movimentava nas experiências do princípio espiritual, permite à criatura o ato de querer, quanto o ensejo de estruturar pensamentos, a condição de perceber as coisas, e mais um volumoso rol de possibilidades da alma.[171]

O convite do Mestre conforme citamos páginas atrás se mantém e ecoa em nossos ouvidos.

Quanto o temos desdenhado até hoje. Estamos assim comprometidos com a Lei Divina, que em sua misericórdia oferece a cada Espírito nova oportunidade.

"Novos obreiros do Senhor" estamos vivendo, porém, o momento dourado de nossa saga evolutiva.

Joanna de Ângelis escreve. Vai grafando nomes no "livro do reino dos céus" e a tinta é como ouro liquefeito que escorre e se transubstancia em livros, através das mãos de seu médium, Divaldo P. Franco. São milhares de páginas para edificar o ser humano, reeditando o convite de Jesus nos tempos do Consolador.

Ela leciona, com sabedoria incomum:

---
[171] - Raul TEIXEIRA. *Educação e vivências*.

Os recursos acumulados e as possibilidades a se multiplicarem constituem os tesouros para aplicação racional, no investimento da atual reencarnação. (...)
Já não se dispõe de tempo para futilidade nem tão-pouco para ilusão.
Estes são os momentos em que deveremos colimar realizações perenes.
Para tanto, resolvamo-nos em definitivo produzir em profundidade, acercando-nos de Jesus e por Ele facultando-nos conduzir até o termo da jornada.
Não será, certamente, uma incursão ao reino da fantasia ou um passeio gentil pelos arredores da catedral da fé. Antes, é uma realização em que nos liberaremos das injunções cármicas infelizes, adquirindo asas para maiores vôos na direção dos inefáveis Cimos da Vida. (...)
Conscientes das próprias responsabilidades não esperemos em demasia pela transformação de fora, mas envidemos esforços para o aprimoramento interior. (...)
Adversários, cujas matrizes estão insculpidas em nosso imo, surgirão a cada passo, de dentro para fora e, incontáveis, virão em cerco, de fora para dentro, colocando o cáustico da aflição no cerne dos nossos sentimentos.
Tenhamos paciência e vigiemos! Somente resgatamos o que devemos.
Aliciados pelo Senhor, à semelhança d'Ele, encontraremos resistência para superar dificuldades e vencer limitações que nos retinham até aqui na retaguarda. (...)
Nosso Guia Seguro continua sendo Jesus. (...)
O Espiritismo é o renascimento do Cristianismo em sua pureza primitiva.
Todos nos constituímos peças da engrenagem feliz para a construção do 'reino de Deus' que já se instala na Terra.
As muitas aflições chamarão em breve o homem para as realidades nobres da vida.

Não nos permitamos dúvidas, face à vitória da dissolução dos costumes ou diante da licenciosidade enlouquecedora.

Quem fizesse o confronto entre Cristo e César, naquela tarde inesquecível, veria no último o triunfador, no entanto, era Jesus, o Rei que retornava à glória solar, enquanto o outro, logo mais desceria ao túmulo, confundindo-se na perturbação...

Os valores que passam, apenas transitam. (...) Não nos fascinemos com eles nem os persigamos. (...)

Nada será fácil. Nada é fácil. O fácil de hoje foi o difícil de ontem, será o complexo de amanhã. Quanto adiemos agora, aparecerá, depois, complicado, sob o acúmulo dos juros que se capitalizam ao valor não resgatado.

Aclimatados à atmosfera do Evangelho, respiremos o ideal da crença.

... E unidos uns aos outros, entre os encarnados e com os desencarnados, sigamos.

Jesus espera: avancemos![172]

Essa é a nossa meta. O tempo é hoje. O presente é uma dádiva inestimável que nos leva, momento a momento, aos rumos do Infinito.

Seja feliz!

---

[172] - Divaldo P. FRANCO. *Após a tempestade*. Trechos da mensagem nº 24 – "Os novos obreiros do Senhor".

Referência Bibliográfica

ALVES, Walter O. *Educação do espírito*. 6ª ed. IDE, 1999.

AKSAKOF, Alexandre. *Animismo e espiritismo*. 2ª ed. FEB.

BALDUÍNO, Leopoldo. *Psiquiatria e mediunismo*. FEB, 1994.

BOCK, Ana Maria; FURTADO, Odair; TEIXEIRA, Maria de Lourdes. *Psicologias*: uma introdução ao estudo da psicologia. 12ª ed. Saraiva,1999.

BOZZANO, Ernesto. *Pensamento e vontade*. 4ª ed. FEB, 1970.

CAIBALION. *Estudo da filosofia hermética do antigo Egito e da Grécia*. Pensamento.

CALVIN, William H. *Como o cérebro pensa*. Trad. Alexandre Tort. Rocco.

CAPRA, Fritjof. *O tao da física*. Trad. José Fernandes Dias. 22ª ed. Cultrix, 2002.

CURY, Augusto J. *Inteligência multifocal*. 3ª ed. São Paulo: Cultrix, 1999.

--------------------. *Análise da inteligência de Cristo*. O mestre dos mestres. 5ª ed.

--------------------. *Academia da inteligência*.

DAMÁSIO, António. *Mistério da consciência*. Trad. Laura Teixeira Motta. Cia. das Letras, 2000.

DENIS, Léon. *No invisível*. 6ª ed. FEB.

-----------------. *O Problema do ser, do destino e da dor*. 10ª ed. FEB, 1977.

----------------. *O Grande enigma*. 7ª ed. FEB.

----------------. *Cristianismo e espiritismo*. 7ª ed. FEB, 1978.

FACURE, Orlando Nubor. *Muito além dos neurônios*. 2ª ed. FEB, 1999.

------------. *O Cérebro e a mente*. FEB, 2001.

FERREIRA, Aurélio B. H. *Novo dicionário Aurélio*. Nova Fronteira.

FRANCO, Divaldo P. Espírito Joanna de Ângelis. *Dimensões da verdade*. GES, 1965.

--------------. *Lampadário espírita*. FEB, 1970.

--------------. *Dias gloriosos*. Salvador: LEAL, 1999.

--------------. *Fonte de luz*. Minas Ed., 2000.

--------------. *O despertar do espírito*. Salvador: LEAL, 2000.

--------------. *Autodescobrimento*: uma busca interior. Salvador: LEAL, 1995.

--------------. *Seara do bem*. Salvador: LEAL, 1984.

--------------. *Após a tempestade*. Salvador: LEAL, 1974.

--------------. *Triunfo pessoal*. Salvador: LEAL, 2002.

--------------. *Amor, imbatível amor*. Salvador: LEAL, 1998.

--------------. Espírito Manoel P. de Miranda – *Tormentos da obsessão*. Salvador: LEAL, 2001.

--------------. *Temas da vida e da morte*. FEB, 1989.

--------------. *Loucura e obsessão*. FEB, 1990.

--------------. Espírito Amélia Rodrigues. *Quando voltar a primavera*. Salvador: LEAL, 1977.

───────────. *Luz do mundo*. Salvador: LEAL, 1971.

───────────. Espírito Vianna de Carvalho. *Médiuns e mediunidades*. Arte e Cultura, 1990.

───────────. Div. Espíritos/João Cléofas. *Depoimentos vivos*. 1975.

GARDNER, Howard. *Inteligências múltiplas* – a teoria na prática. Trad. Adriana Verones. Porto Alegre: ARTMED, 1996.

───────────. *Estruturas da mente*. Trad. Sandra Costa. Porto Alegre: ARTMED, 1994.

───────────. *Mentes que criam*. Trad. Adriana Verones. Porto Alegre: ARTMED, 1996.

GELEY, Gustavo. *Del inconsciente al consciente*. Buenos Aires: Ed. Constancia, 1947.

GOLEMAN, Daniel. *Inteligência emocional*. Trad. Marcos Santarrita.

GROF, Stanislav; GROF, Christina. *A tempestuosa busca do ser*. Trad. Fátima Machado. 10ª ed. Cultrix, 1998.

JUNG, Carl G. *Memórias, sonhos e reflexões*. Comp. Aniela Jaffé. 15ª ed. Nova Fronteira.

KAPLEAU, Philip. *A roda da vida e da morte*. 10ª ed. Cultrix, 1993.

KARDEC, Allan. *O livro dos espíritos*. Trad. Guillon Ribeiro. 52ª ed. FEB, 1981.

───────────. *O livro dos médiuns*. 42ª ed. FEB, 1980.

───────────. *O evangelho segundo o espiritismo*. 82ª ed. FEB, 1981.

───────────. *A gênese*. 41ª ed. FEB, 2002.

------------. *Obras póstumas*. 20ª ed. FEB,1984.

------------. *Revista espírita*. Trad. Júlio Abreu Filho. 1864, 1867, 1868.

MACIEL, Núbia. TERRA, Martins. *Relaxe e viva feliz*. São Paulo: Ed. Loyola.

MESQUITA, José Marques. *A dinâmica da mente*. São Paulo: Ed. Luz no Lar.

MIRANDA, Hermínio C. *Diversidade dos carismas*. Ed. Arte e Cultura, 1991.

----------------. *Autismo*: uma leitura espiritual. Lachâtre, 1998.

Diversos Autores. *Visão espírita para o terceiro milênio*. Didier.

NOBRE, Marlene S. *A obsessão e suas máscaras*. 3ª ed. São Paulo: FE Ed., 1997.

OLIVEIRA, Alkindar. *Viver bem é simples, nós é que complicamos*.

OLIVEIRA, Sérgio Felipe. *Saúde e espiritismo*. AME-Brasil, 1998.

OSTROWER, Fayga. *Criatividade e processo de criação*. 12ª ed. VOZES, 1997.

PEREIRA, Yvonne A. *Memórias de um suicida*. 10ª ed. FEB.

PIRES, Herculano. *O espírito e o tempo*: introdução histórica ao espiritismo. Ed. Pensamento.

RIBEIRO, Lair. *Inteligência aplicada*. ARX, 2002.

SADHU, Mouni. *Concentração*. Trad. Leonides Doblins. 5ª ed. Pensamento, 1999.

SANTOS, Jorge Andréa. *Psicologia espírita*. Ed. Fon-Fon e Seleta, 1979.

——————. *Energética do psiquismo*: fronteiras da alma. Ed. Caminhos da Libertação.

SCHUBERT, Suely C. *Testemunhos de Chico Xavier*. FEB,1986.

——————. *Mediunidade*: caminho para ser feliz. Votuporanga (SP): Ed. Didier, 1999.

——————. *Transtornos mentais*: uma leitura espírita. Araguari (MG): Minas Ed., 2001.

SCHURÈ, Edouard. *Os Grandes iniciados*. Hermes. Martin Claret, 1986.

SIEGEL, Bernie. *Amor, medicina e milagres*. Trad. João A. Santos. 24ª ed. BEST-SELLER, 2001.

STEVENS, Anthony. *Jung* – vida e pensamentos. Trad. Attílio Brunetta. VOZES, 1993.

TEIXEIRA, J. Raul. Espírito Camilo. *Educação & vivências*. Ed. Fráter, 1993.

VYGOTSKY, L. S. *Pensamento e linguagem*. Trad. Jeferson Luiz Camargo. 5ª ed. Martins Fontes, 1995.

XAVIER, Francisco C. Espírito André Luiz. *Nosso lar*. FEB, 2003.

——————. *Os mensageiros*. 41ª ed. FEB, 2004.

——————. *Missionários da luz*. 5ª ed. FEB, 1956.

——————. *Nos domínios da mediunidade*. 10ª ed. FEB, 1979.

——————. *No mundo maior*. 5ª ed. FEB, 1970.

——————. *Entre a terra e o céu*. FEB.

——————. *Ação e reação*. FEB, 1957.

——————. *Obreiros da vida eterna*. 8ª ed. FEB, 1971.

――――――. *Evolução em dois mundos*. FEB, 1959.

――――――. Espírito Emmanuel. *Pensamento e vida*. 9ª ed. FEB, 1981.

――――――. *Roteiro*. 3ª ed. FEB, 1972.

――――――. *Paulo e Estevão*. 20ª ed. FEB, 1983.

――――――. *Fonte viva*. FEB, 1956.

――――――. *Pão nosso*. 4ª ed. FEB, 1972.

――――――. *A caminho da luz*. 9ª ed. FEB, 1972.

――――――. Espírito Humberto de Campos. *Boa Nova*. 6ª ed. FEB, 1957.

XAVIER, Francisco Candido; VIEIRA, Waldo. Espírito André Luiz. *Mecanismos da mediunidade*. FEB, 1960.

――――――. *Estude e viva*. 3ª ed. FEB, 1972.

――――――. *Evolução em dois mundos*. FEB, 1959.

WALSH, Roger. VAUGHAN, Frances. (orgs.) *Caminhos além do ego*. Capítulo de Ken Wilber. Trad. Marta Rosas. Cultrix, 1999.

――――――. *Além do Ego*: dimensões transpessoais em psicologia. Trad. Adail Sobral e Maria Stela Gonçalves.

WHITE, John. (org.) *O Mais elevado estado da consciência*. Trad. Rubens Rusche. 10ª ed. Cultrix, 1997.

ZIMMERMANN, Zalmino. *Perispírito*. 2ª ed. Campinas (SP): Ed. CEAK, 2002.

Dica de Leitura

Obras de
Suely Caldas Schubert

Suely Caldas Schubert

MENTES INTERCONECTADAS E A LEI DE ATRAÇÃO

ebm

O que fazemos aqui neste planeta? O que eu faço repercute, de alguma forma, no Universo? E o que fazem os demais seres humanos me atinge?

Há uma nova maneira de pensar a vida? O que é a telepatia e o que é a clarividência, afinal? Como explicar a psicometria e a atividade psíquica nos sonhos? O que é a consciência? Posso ter uma conexão com a mente divina? E o amor, qual a sua importância no Universo?

Essas e muitas outras questões são esclarecidas nesta obra...

Neste livro, Suely Caldas Schubert apresenta, em uma exploração simples e ao mesmo tempo profunda, que lhe são peculiares, uma visão acerca da ciência e da Espiritualidade, com base em algumas das mais modernas teorias que abordam a transcendência da vida e propõem, em definitivo, uma mudança do paradigma cartesiano e de seus postulados materialistas.

A autora, igualmente, enfoca alguns dos princípios básicos da física quântica, que abrem novas perspectivas para o conhecimento humano e que evidenciam, a partir da constatação de que há em todo o Universo uma fantástica teia cósmica, um entrelaçamento que une todos os seres e todas as coisas.

Desfilam nessas páginas o pensamento de alguns dos mais famosos físicos quânticos, escritores e pesquisadores, tais quais: Fritjof Capra, Deepak Chopra, Hanna Wolff, Carl G. Jung, Francis Collins, Dean Rabin, Rupert Sheldrake, William James, Amit Goswami e outros, ao lado de Allan Kardec, Léon Denis, Ernesto Bozzano, Hermínio Miranda, Jorge Andrea e dos Autores Espirituais, Joanna de Ângelis, Emmanuel, André Luiz, entre outros.

Saiba como nossas mentes estão interconectadas com o Universo e como o magnífico campo da Espiritualidade se abre para a Humanidade.

Afinal, tudo está em tudo.

SUELY CALDAS SCHUBERT
Prefácio de Manoel P. Miranda

Nas fronteiras da
NOVA ERA

Uma leitura das obras de
Manoel Philomeno de Miranda

ebm

Como e quando ocorrerá a tão propalada transição planetária? De onde virão os Espíritos que irão reencarnar para ajudar o nosso planeta? Eles são diferentes dos terrícolas? Como é o processo da reencarnação desses visitantes? Quem os convidou para vir ao planeta Terra? Como são escolhidos os futuros pais desses Espíritos?

Por que muitos Espíritos desencarnados na tragédia do tsunami, ocorrida no Oceano Índico, ficaram por algum tempo presos aos despojos?

Por que os Espíritos se apresentam com a forma ovoidal? Eles se comunicam na reunião mediúnica? Como resgatar um Espírito que está nas regiões trevosas? Que tipo de influência exercem os Espíritos malévolos sobre as Sociedades Espíritas? Como evitar o assédio desses Espíritos?

Como se apresenta uma "cracolândia" sob a visão espiritual? Que Espíritos atuam sobre os traficantes e usuários em geral? Como são realizadas as reuniões mediúnicas no mundo espiritual?

Estas e muitas outras perguntas são esclarecidas por Suely Caldas Schubert neste livro.

A autora inova ao comentar e desdobrar duas notáveis obras de Manoel Philomeno de Miranda: Transição Planetária (Leal, 2010) e Amanhecer de uma Nova Era (Leal, 2012), psicografadas por Divaldo Franco, trazendo contribuições pessoais ao relatar casos de sua vivência mediúnica, proporcionando esclarecimentos de real interesse para os que desejam conhecer os aspectos fascinantes das comunicações mediúnicas.

Nas páginas iniciais os leitores irão encontrar uma importante pesquisa de Suely Caldas Schubert, acerca do grandioso projeto espiritual que enseja a transição planetária. Este é o tempo em que o pensamento mágico, aos poucos amadurecido, se transforma em algo concreto, livre das peias dogmáticas, para penetrar na cosmovisão das verdades eternas.

Esse o novo olhar, que abre perspectivas luminosas para a Humanidade, aproximando-nos das fronteiras da Nova Era, que já se anunciam.

DIREITOS DE EDIÇÃO

Copyright©

EBM EDITORA
Rua Doutor Albuquerque Lins, 152
Centro - Santo André - SP
CEP: 09010-010

CONTATO COMERCIAL

(11) 2774-8000
ebm@ebmeditora.com.br
www.ebmeditora.com.br

 facebook.com/ebmeditora

```
Dados Internacionais de Catalogação na Publicação (CIP)
         (Câmara Brasileira do Livro, SP, Brasil)

Schubert, Suely Caldas
    Os poderes da mente / Suely Caldas Schubert. --
4. ed. -- Santo André, SP : Liberdade & Consciência,
2019.

    Bibliografia.
    ISBN 978-65-80674-04-6

    1. Controle da mente 2. Espiritismo - Filosofia
3. Espíritos 4. Mediunidade 5. Mente e corpo 6. Vida
espiritual I. Título.

19-31195                                    CDD-133.901
```

Índices para catálogo sistemático:

1. Poderes da mente : Doutrina espírita   133.901

Cibele Maria Dias - Bibliotecária - CRB-8/9427

Este produto é feito de material proveniente de florestas bem manejadas certificadas FSC®
e de outras fontes controladas.

TÍTULO
Os Poderes da Mente

AUTORIA
Suely Caldas Schubert

EDITORA
EBM Editora

EDIÇÃO
4ª Edição

ISBN
978-65-80674-04-6

PÁGINAS
288

EDITOR
Manu Mira Rama

COEDITOR
Miguel de Jesus Sardano

CONSELHO EDITORIAL
Alex Sandro Pereira
Terezinha Santa de Jesus Sardano
Tiago Minoru Kamei
Vergilio Cordioli Filho

EQUIPE EDITORIAL
Aline Tavares
Camila J. Mendes
Juliana de Lemos
Rogério Rinaldi
Silvia Figueira
Suelen I.R. Silva

CAPA
Ricardo Brito

REVISÃO
Rosemarie Giudilli

DIAGRAMAÇÃO
Tiago Minoru Kamei

PAPEL MIOLO
miolo: Polen Bold 70 gr/m^2

CORES MIOLO
miolo: 1x1 - preto

MEDIDA
15,5 X 23 cm

ACABAMENTO CAPA
4x0 cores
capa brochura
laminação BOPP fosco
verniz UV reserva

TIPOGRAFIA TEXTO PRINCIPAL
Adobe Garamond Pro 13/16

TIPOGRAFIA TÍTULOS
Clab Personal USE

MARGENS
30:20:30:15 mm
(superior: inferior: interna: externa)

GRÁFICA
Lis Gráfica

TIRAGEM
3.000 exemplares

PRODUÇÃO
janeiro de 2020